· LERNEN ·
CHINESISCH
für Anfänger

I0458532

CHINESISCH LERNEN

Traditionell & Vereinfacht

SPRACHENARBEITSBUCH FÜR ANFÄNGER

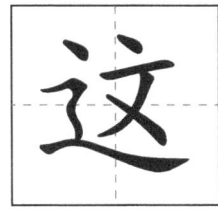   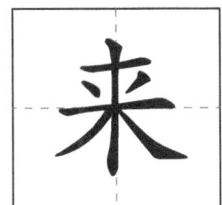

POLYSCHOLAR

www.polyscholar.com

INHALT

Tipp: Dieses Buch funktioniert am besten mit Gelstiften, Bleistiften, Kugelschreibern und ähnlichen Medien. Seien Sie vorsichtig mit Markern und Tinte, da schwere oder nasse Medien zu Durchbluten des Papiers oder Übertragungen auf die darunterliegenden Seiten

WIE MAN DIESES BUCH VERWENDET

Wie beim Erlernen jeder Sprache ist Wiederholung eine der schnellsten Methoden, um es zu verinnerlichen. Dieses Arbeitsbuch enthält sorgfältig gestaltete Übungsseiten, die Ihnen beibringen, wie man jedes Zeichen schreibt, mit Platz, um Ihr neu erlerntes Wissen über chinesische Kalligrafie zu üben:

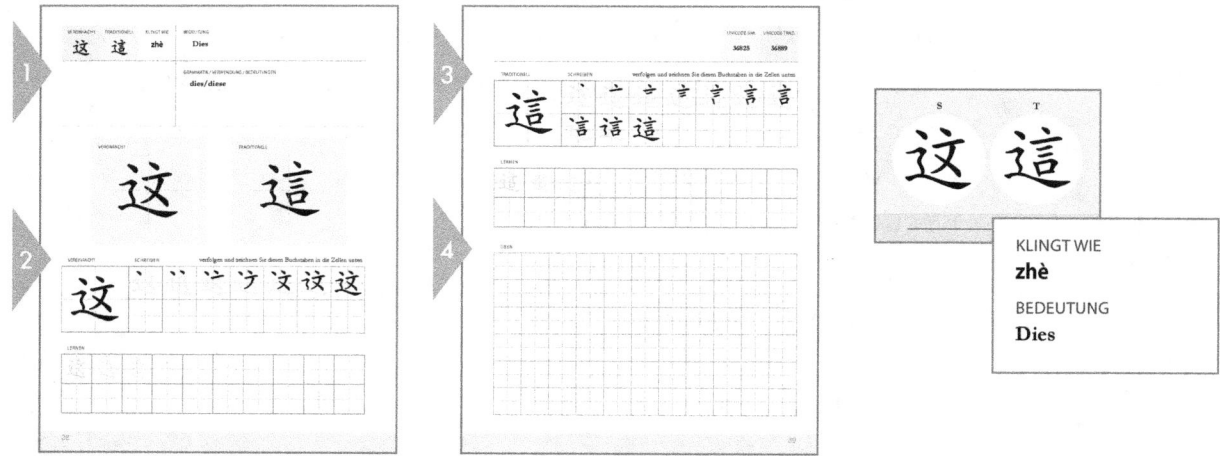

VEREINFACHTE UND TRADITIONELLE KARTEN

Am Ende dieses Arbeitsbuchs finden Sie zusätzliche Gitter, die Sie verwenden können, nachdem Sie gelernt haben, einige (oder sogar alle) der vereinfachten und traditionellen chinesischen Schriftzeichen zu schreiben.

Diese Gitterseiten werden als Pinyin Tian Zi Ge oder 拼音田字格 in vereinfachtem und traditionellem Chinesisch bezeichnet.

Der letzte Teil dieses Arbeitsbuchs enthält eine Reihe von Seiten im Flashkartenstil, die entweder kopiert oder ausgeschnitten werden können. Sie sind eine großartige Möglichkeit, um die Symbole zu lernen und Ihr Wissen zu testen. Jüngere Lernende sollten sich von einem Erwachsenen helfen lassen, um sie auszuschneiden!

GESCHICHTE DER CHINESISCHEN SPRACHE

Chinesisch ist eine der am weitesten verbreiteten Sprachen der Welt, mit mindestens 1,5 Milliarden Sprechern. China ist das einzige Land, das ein ununterbrochenes kulturelles Erbe vorweisen kann, dank der starken Inklusivität und Assimilation seiner nationalen Kultur, wodurch die chinesischen Schriftzeichen eine der wenigen ununterbrochenen schriftlichen Formen der Welt sind.

Chinesisch ist eine analytische Sprache, typischerweise mit 2 bis 13 Tönen. Das chinesische Schriftsystem ist eine Art ideographisches Zeichen, das sowohl ideographische als auch phonologische Funktionen hat. Chinesisch umfasst zwei Teile: gesprochene und geschriebene Sprache. Das alte geschriebene Chinesisch ist als klassisches Chinesisch bekannt, während das moderne geschriebene Chinesisch als umgangssprachliches Chinesisch bekannt ist, das durch modernes Standardchinesisch standardisiert wurde.

Die Geschichte des Chinesischen kann in drei Phasen unterteilt werden. Die erste Phase ist die Phase der Bilder und Texte. Das Schreiben vor der Shang-Dynastie (ca. 1600-1046 v. Chr.) gehört zu dieser Phase. Es gibt seit der Antike in China ein Sprichwort, dass chinesische Schriftzeichen und Malerei denselben Ursprung teilen, weil die früheste Quelle der chinesischen Schrift Malerei war. Der Ursprung der chinesischen Schriftzeichen sind primitive Bilder; die 'piktografische' Form, die von primitiven Menschen verwendet wurde, hat sich von einem primitiven Bild in ein ideographisches Symbol verwandelt.

Die zweite Phase basiert auf ideographischen Zeichen, wobei ideographische Zeichen den Hauptkörper bilden. Von den Inschriften auf Knochen und Schildkrötenpanzer bis zu den Zeichen der Qin-Dynastie (221-207 v. Chr.) gehört alles zu dieser Phase. Die Orakel, die im Shang-Dynastie um das 14. Jahrhundert v. Chr. erschienen, gelten weithin als die erste Form der chinesischen Schriftzeichen. Sie haben sich bis heute entwickelt und blicken auf eine Geschichte von 3.000 bis 4.000 Jahren zurück.

Die dritte Phase besteht hauptsächlich aus phonetisch-bildlichen Zeichen, wobei einige phonetisch-bildliche Zeichen und phonetische Zeichen erhalten geblieben sind. Diese Phase reicht von den Qin- und Han-Dynastien (202 v. Chr.-220) bis zur Gegenwart. Im Verlauf entstanden verschiedene Schriftarten wie Kunstschrift, Blockschrift, schwebende Wolken und Varianten.

UNTERSCHIED ZWISCHEN MANDARIN UND CHINESISCH

Das gesprochene Chinesisch kann in Standardsprache und Dialekte unterteilt werden. Chinesische Dialekte sind in bestimmten Regionen beliebt. Es gibt zehn Hauptdialekte des Chinesischen in China, darunter Mandarin, Kantonesisch, Min-Chinesisch und so weiter. Das gemeinsame Chinesisch, auch bekannt als Yayan (elegante Sprache), wird seit der Frühlings- und Herbstperiode sowie der Zeit der Streitenden Staaten (770 v. Chr. - 221 v. Chr.) verwendet. Das moderne gemeinsame Chinesisch ist auch als Mandarin bekannt. Mandarin ist einer der chinesischen Dialekte und wird derzeit als die offizielle Standardsprache oder gemeinsame Sprache von der chinesischen Regierung festgelegt.

Mandarin verwendet die Beijing-Aussprache als die grundlegende Aussprache, den nordchinesischen Dialekt als den grundlegenden Dialekt und die typischen modernen volkstümlichen Schriften als die grammatikalischen Normen. Mandarin wird auch bei offiziellen Anlässen in Taiwan verwendet, aber der Akzent ist leicht anders als das Mandarin auf dem Festland.

Mandarin kombiniert das alte Chinesisch und nordliche Minderheitensprachen.

Zusammenfassend lässt sich sagen, dass Mandarin ein Dialekt ist, der als gemeinsame Sprache im Chinesischen verwendet wird.

UNTERSCHIEDE ZWISCHEN KANTONESISCH UND CHINESISCH

Kantonesisch ist ein chinesischer Dialekt, der in Südchina verbreitet ist. Es unterscheidet sich erheblich von anderen Dialekten in China. Die Anfangskonsonanten, Endungen und Töne des Kantonesischen bewahren einige der Merkmale der mittelalterlichen chinesischen Laute. In Bezug auf die Anfangskonsonanten wird der Zungenlaut des Mandarin im Kantonesischen mit einem Wurzeltongue-Laut ausgesprochen. In Bezug auf die Vokale behält das Kantonesische einige Reimendungen der mittleren alten chinesischen Laute bei. In Bezug auf den Ton hat Mandarin nur vier Töne, während Kantonesisch bis zu neun Töne hat.

UNTERSCHIEDE IM WORTSCHATZ

Kantonesisch unterscheidet sich in den folgenden Aspekten mehr vom Mandarin:

a) Kantonesisch bewahrt viele Elemente des alten Chinesisch und verwendet hauptsächlich monosyllabische Wörter, während Mandarin hauptsächlich bisyllabische Wörter verwendet. Zum Beispiel 尾巴 (Mandarin) und 尾 (Kantonesisch), 眼睛 (Mandarin) and 眼 (Kantonesisch).

b) Bei zweisilbigen Wörtern ist die Wortstellung im Kantonesischen entgegengesetzt zur-darin. Das zentrale Wort im Kantonesischen kommt zuerst, und der Modifikator kommt danach. Z.B.,公鸡 (Mandarin) und 鸡公 (Kantonesisch); 客人 (Mandarin) und 人客 (Kantonesisch); 喜欢 (Mandarin) und Z.B., 公鸡 (Kantonesisch).

c) Wörter über Glück und Wünsche werden im Kantonesischen bevorzugt, und deshalb werden anstößige, unglückliche oder tabu Wörter weniger häufig verwendet. Zum Beispiel, 苦瓜 (Mandarin) und 凉瓜 (Kantonesisch); 鸡脚 (Mandarin) und 凤爪 (Kantonesisch). Zahlen im Kantonesischen betonen glücksverheißende Bedeutungen, wie zum Beispiel 2 im Mandarin als 易 (einfach), gelesen wird, und 8 im Mandarin als 发 (reich).

d) Das Kantonesische bewahrt viele alte Wörter und spezielle Dialektwörter. Z.B., 谢谢 (Mandarin) und 唔该 (Kantonesisch), 漂亮 (Mandarin) und 靓 (Kantonesisch); 不好 (Mandarin) und 弊 (Kantonesisch).

e) Bewahrt einige nostalgische Lebensausdrücke im Kantonesischen. Zum Beispiel, Tee trinken: 喝茶 (Mandarin) und 饮茶 (Kantonesisch); Payroll: 发工资 (Mandarin) und 出粮, Money钱 (Mandarin) und 银纸 (Kantonesisch).

UNTERSCHIEDE IN DER GRAMMATIK

Grammatikalisch gibt es auch Unterschiede zwischen Kantonesisch und Mandarin, wobei adverbiale Modifikatoren oft nach den Verben platziert werden. Zum Beispiel, wenn du zuerst schaust - wenn ich zuerst gehe - ich bin mehr als du - warte. Außerdem ist die Wortstellung bei doppelten Objekten oft umgekehrt, wie zum Beispiel: Gib dir einen Stift - gib dir einen Stift.

UNTERSCHIEDE IM TONSYSTEM

In Bezug auf den Ton behält Kantonesisch das Tonmuster der mittleren alten chinesischen Sprache vollständig bei, das in Yin und Yang für die vier Töne unterteilt ist. Es ist die vollständigste Sprache, die den Ton der alten chinesischen Sprache bewahrt und spielt eine wichtige Rolle beim Rezitieren und Studieren literarischer Werke wie der alten chinesischen Poesie. Kantonesisch enthält sechs Reimendungen: p, t, k, n, m und ng. Es hat nicht die Merkmale der nordchinesischen Dialekte wie Curling, Reim und neutrale Töne.

REGELN FÜR DAS SCHREIBEN

China ist ein Land mit einem weiten Territorium und komplexen Dialekten. In der Antike war es unmöglich, eine Sprachstandardisierung zu erreichen, aber chinesische Schriftzeichen waren ein beliebtes Werkzeug für die schriftliche Kommunikation im ganzen Land. Das bedeutet, dass der Inhalt in verschiedenen Dialekten in geschriebenem Chinesisch gleich sein kann.

Es gibt zwei Schreibweisen für Chinesisch. Die eine wird vertikal von oben nach unten in jeder Spalte geschrieben, wobei die Spalten auf der rechten Seite zuerst geschrieben werden. Die andere besteht darin, horizontal in einer Linie von links nach rechts zu schreiben, wobei die Reihen von oben nach unten verlaufen. Die erste ist eine traditionelle Schreibweise, die sich gut für das Schreiben mit weichen Stiften eignet. Die zweite ist für den aktuellen Hartstift geeignet. Derzeit ist die gängigste Schreibweise für Chinesisch von links nach rechts, Reihe für Reihe. In einigen Regionen, wie Taiwan, existiert auch das Schreiben von Chinesisch von oben nach unten von rechts nach links. Auf dem Festland von China folgen einige Bücher immer noch dem traditionellen Schreibstil.

Chinesische Schriftzeichen sind rational. Die Schrift ist ein symbolisches System, das in rationale und irrationale Zeichen unterteilt werden kann. Die sogenannte Irrationalität bezieht sich auf rein phonetische Zeichen, wie entlehnte Zeichen, silbische Zeichen und alphabetische Zeichen, die rein Symbole sind und keine direkte Verbindung zu den auszudrückenden Dingen haben. Die sogenannten rationalen Zeichen wie die chinesischen Schriftzeichen, zusätzlich zu den Hinweis. Die Aussprache von Wörtern zu lernen, sind auch Symbole, die die Form und Klasse von Dingen darstellen. Zum Beispiel entwickelte sich das chinesische Wort 水 (wasser) aus der Form des Hieroglyphen für Wasser. Es hat zwei Funktionen, nämlich Form und Aussprache. Im chinesischen Wort 洋 (Ozean), Der linke Teil zeigt die Kategorie Wasser an, und der rechte Teil zeigt die Aussprache an ciation. Es wird als phono-graphisches Zeichen bezeichnet, der Hauptbestandteil der chinesischen Schriftzeichen, der die Erkennung und das Gedächtnis erleichtert.

DIE REIHENFOLGE DER CHINESISCHEN STRICHE

Es gibt acht grundlegende Striche der traditionellen chinesischen Schriftzeichen. Es gibt Variationen für jeden grundlegenden Strich. Alle diese Striche können in acht grundlegende Typen klassifiziert werden: Punkt, horizontal, vertikal, links fallend, rechts fallend, aufsteigender Strich, vertikale Wendung und vertikaler Haken.

Acht grundlegende Striche in chinesischen Schriftzeichen

Strich	Name	Beispiel
丶	点 (diǎn) Punkt	杰、洲
一	横 (héng) horizontal	一、二
丨	竖 (shù) vertikal	十、利
丿	撇 (piě) links fallend	八、人
乀	捺 (nà) rechts fallend	个、义
一	提 (tí) auf steigender Strich	コ、习
乚	竖折 (shù zhé) vertikale Wendung	山、匹
亅	竖钩 (shù gōu) vertikaler Haken	利、提

Die meisten chinesischen Schriftzeichen bestehen aus einer Kombination von zwei oder drei der oben genannten Striche. Verschiedene Zeichen können mit denselben Strichen, Strichfolgen oder sogar Kombinationen erstellt werden.

REGELN FÜR DAS SCHREIBEN

Es gibt einige allgemein akzeptierte Regeln beim Schreiben von Chinesisch.

Allgemeine Regeln der Strichfolge im Chinesischen umfassen Folgendes:

a) Links fallend vor rechts fallend, z.B. 人 (Menschen) und 八 (acht)

b) Zuerst horizontal und dann vertikal, z.B. 十 (zehn), 干 (machen), 玉 (und jade)

c) Von oben nach unten, z.B. 二 (zwei), 三 (drei) und 音 (Klang).

d) Von links nach rechts, z.B. 他 (er), 她 (sie)und 湖 (See)

e) Zuerst außen, dann innen, z.B. 问 (fragen) und 同 (einverstanden)

f) Von außen nach innen und dann 国 (Land), 园 (Garten), und 圆 (Kreis) schließen, z.B. cle)

g) Zuerst in der Mitte und dann auf beiden Seiten, z.B. 小 (klein), 水 (Wasser), und 永 (für- immer)

h) Andere Regeln

1) Punkte oben oder links von einem Zeichen sollten zuerst geschrieben werden. Z.B., 海 (meer) und 衣(stoff).

2) Punkte oben rechts oder im Zeichen sollten zuletzt geschrieben werden. Z.B., 我 (Ich), 犬 (Hund), und 凡 (gewöhnlich oder jeder).

3) Zeichen mit umgebenden Strukturen oben rechts oder oben links sollten von außen nach innen geschrieben werden. Z.B., 厅 (Saal)und 屋 (Haus).

4) Zeichen mit umgebenden Strukturen unten links sollten von innen nach außen geschrieben werden. Z.B., 远 (fern)und 建 (bauen).

5) Zeichen mit umgebenden Strukturen links, unten und rechts sollten von in-nen nach außen geschrieben werden. Z.B., 凶 (heftig) und 山 (Berg).

6) Zeichen mit umgebenden Strukturen oben, links und rechts sollten von außen nach innen geschrieben werden. Z.B., 同 (gleich)and 风 (Wind).

7) Zeichen mit umgebenden Strukturen oben, unten und links sollten in folgen-der Reihenfolge geschrieben werden: oben, innen und unten. Z.B., 医 (Arzt), 巨 (Riese), und 区 (Bezirk).

RECHTSCHREIBUNG (PINYIN)

Die chinesische Aussprache ist durch einfache Silbenstrukturen, deutliche Silbengrenzen und Ton gekennzeichnet. Die Silbenstruktur des Chinesischen weist eine starke Regelmäßigkeit auf.

ANFANGSKONSONANTEN UND ENDLAUTEN

Traditionell wird eine Silbe im Chinesischen in drei Teile unterteilt: Anfangskonsonant, Endlaut und Ton. Ein Anfangskonsonant bezieht sich auf einen Konsonanten am Anfang einer Silbe. Wenn es keinen Anfangskonsonanten am Anfang einer Silbe gibt, wird dies als ze- bezeichnet. ro-Vokal-Silbe. Ein Vokal bezieht sich auf die Komponente hinter dem anfänglichen Konsonanten in einer Silbe, die nur ein Vokal, eine Kombination von Vokalen oder eine Kombination von Vokalen und Konsonanten sein kann. Es gibt 23 Anfangs- und 24 Endkonsonanten im Mandarin.

ANFANGSKONSONANTEN

b	p	m	f	d
t	n	l	g	k
h	j	q	x	zh
ch	sh	r	z	c
s	y	w		

FINALKONSONANTEN

Traditionell gibt es 35 Endungen im Chinesischen, die derzeit für Anfänger auf 24 vereinfacht werden. Nach der Struktur können die Endungen in einfache Vokale, zusammengesetzte Vokale, nasale Vokale und einen speziellen Vokal unterteilt werden.

Einfache Vokale	a、o、e、i、u、ü
Zusammengesetzte Vokale	ai、ei、ui、ao、ou、iu、ie、ve
Sondervokal	er
Nasalvokale	an、en、in、un、vn、,ang、eng、ing、ong

EIN ÜBERBLICK ÜBER DIE AUSSPRACHE

a: Die Lippen dehnen sich natürlich aus, die Zunge ist flach, die Mitte der Zunge ist leicht angehoben, und die Stimmbänder vibrieren.

o: Die Lippen sind gerundet, leicht angehoben, die Zunge zieht sich zurück, die Rückseite der Zungenoberfläche wölbt sich, die Zunge ist zentriert, und die Stimmbänder vibrieren.

e: Mit dem Mund halb geöffnet, die Zunge nach hinten positioniert, die Mundwinkel nach beiden Seiten in eine flache Form gezogen, und die Stimmbänder zittern.

i: Der Mund ist leicht geöffnet in eine flache Form, die Zungenspitze drückt gegen das untere Zahnfleisch, die Oberfläche der Zunge ist angehoben, nahe dem oberen harten Gaumen, und die Stimmbänder vibrieren.

u: Die Lippen sind gerundet und in kleine Löcher protrudiert, wobei die Rückseite der Zunge herausragt und die Stimmbänder zittern.

ü: Die Lippen sind gerundet, eng zusammen, die Zungenspitze gegen das untere Zahnfleisch, die Vorderseite der Zunge ist angehoben, und die Stimmbänder vibrieren.

ai: Zuerst den Laut von a aussprechen, dann zu i gleiten. Der Luftstrom ist ununterbrochen, und die Aussprache ist leicht und kurz.

ei: Zuerst den Laut von e aussprechen, dann zu i gleiten. Der Luftstrom ist ununterbrochen, und die Mundwinkel werden zu beiden Seiten gedehnt.

ui: u ist leicht und kurz, dann gleitet es zu ei, wobei sich die Mundform von rund zu flach verändert.

ao: Zuerst den Laut von a aussprechen, dann die Zungenspitze zurückziehen, den Zungenboden nach oben heben, den Mund zu einem Kreis schließen und sanft zu o gleiten.

ou: Beginnen Sie mit dem Laut o, schließen Sie allmählich die Lippen, heben Sie den Zungenboden und ändern Sie die Mundform von groß zu klein.

iu: Beginnen Sie mit i, dann gleiten Sie zu ou, wobei sich die Mundform von flach zu rund verändert.

ie: Zuerst i aussprechen, dann e, der Luftstrom ist ununterbrochen.

üe: Zuerst den ü-Laut aussprechen, dann zu e gleiten, wobei sich die Mundform von rund zu flach ändert.

er: e in der Mitte der Zungenposition aussprechen, dann die Zungenspitze zur harten Gaumenrolle rollen und beide Buchstaben gleichzeitig aussprechen

an: Zuerst den Laut a aussprechen, dann die Zungenspitze allmählich gegen das obere Zahnfleisch heben und den Laut n aussprechen.

en: Zuerst den Laut e aussprechen, dann die Zungenoberfläche heben, die Zungenspitze gegen das obere Zahnfleisch drücken, und die Luft strömt aus der Nasenhöhle, um den Laut n auszusprechen.

in: Zuerst den Laut i aussprechen, dann die Zungenspitze gegen die Rückseite der unteren Schneidezähne drücken, allmählich den harten Gaumen erreichen, und die Luft strömt aus der Nasenhöhle, um den Laut n auszusprechen.

un: beginnt mit einem Laut u, dann die Zungenspitze gegen das obere Zahnfleisch drücken und dann mit einem Laut n aussprechen, wobei die Luft aus der Nasenhöhle entweicht.

ün: Zuerst den Laut von ü aussprechen, dann die Zunge gegen das obere Zahnfleisch heben, und die Luft strömt aus der Nasenhöhle, um den Laut von n auszusprechen.

ang: Zuerst den Laut von a aussprechen, dann die Basis der Zunge gegen den oberen weichen Gaumen drücken, sodass Luft aus der Nasenhöhle entweicht, und dannden Laut von ng am Ende des nasalen Lautes aussprechen.
eng Zuerst den Laut von e aussprechen, dann drückt die Zungenspitze gegendas untere Zahnfleisch, die Basis der Zunge zieht sich gegen den weichen Gaumen zurück, und es ertönt ng, während Luft aus der Nasenhöhle entweicht.

ung: Die Zungenspitze berührt das untere Zahnfleisch, die Oberfläche der Zunge hebt sich zum harten Gaumen, und die Nasenhöhle resoniert zu einem Laut.

ong: Zuerst den Laut von o aussprechen, dann zieht sich die Basis der Zunge gegen den weichen Gaumen zurück, während die Zunge herausragt, die Lippen gerundet sind und die Nasenhöhle resoniert.

TÖNE

Chinesisch ist eine tonale Sprache, die die Funktion hat, Bedeutungen zu unterscheiden. Die Anzahl der Töne im Chinesischen ist viel kleiner als die der Anfangs- und Endkonsonanten. Mandarin hat nur 4 Töne.

Erster Ton: hoch und

eben Zweiter Ton: steigend

Dritter Ton: fallend vor steigend

Vierter Ton: fallend

Zum Beispiel,

Erster Ton: ma1 oder mā

Zweiter Ton: ma2 oder

má Dritter Ton: ma3 oder mǎ

Vierter Ton: ma4 oder mà

RECHTSCHREIBREGELN

In einer Silbe ist der Anfangslaut der Anfangskonsonant, und der Rest ist der Endkonsonant. Der Ton zeigt den Anstieg und Fall der Silbe an. Zum Beispiel ist der Anfangskonsonant des 汉 (Han) Zeichens „h", der Endkonsonant „an" und der Ton ist ein fallender Ton. Wenn die Anfangs konsonanten und Vokale gleich sind und der Ton unterschiedlich ist, sind Aussprache und Bedeutung unterschiedlich. Zum Beispiel haben, " 汤 ", " 糖 " und " 躺 " denselben Endkonsonanten "ang", aber unterschiedliche Töne; ihre Laute und Bedeutungen sind unterschiedlich.

a) Verwendung von y und w

Um die Silbengrenze klar zu machen, sollten die lautlosen Buchstaben "y" und "w" für Silben verwendet werden, die mit einem Nullanfang beginnen. Zum Beispiel sollte der Endkonsonant von "i" mit y begleitet werden, wie in yi (衣).

Der Vokal u sollte mit w begleitet werden, wie in wu (乌).

b) Der Vokal "ü" sollte mit y begleitet werden, wie in yu (迂), und yuan (远).

c) Verwendung von iou, uei und uen

Beim Schreiben dieser drei Vokale und Anfangslaute sollten die Vokale in der Mitte entfernt und als iu, ui und un geschrieben werden. Zum Beispiel niu (牛), gui (归), und lun (论).

Wenn der Anfangskonsonant null ist, sollte er gemäß den Regeln für die Verwendung von y und w als you, wei und wen geschrieben werden. Es kann gesehen werden, dass iou, uei und uen theoretische Schreibmethoden sind, die in der tatsächlichen Schreibweise nicht erscheinen. Bei der Analyse der Struktur der Vokale werden iou, uei und uen verwendet, ohne die Form auszulassen.

d) Verwendung von ü

Der Vokal ü kann mit den fünf Konsonanten j, q, x, n und l geschrieben werden. Wenn j, q, x und U zusammen geschrieben werden, sollte ü weggelassen und als u geschrieben werden.

Wenn n, l und ü kombiniert werden, können die beiden Punkte auf u nicht weggelassen werden. 女 (Frau)sollte als nü anstelle von nu geschrieben werden, 吕 sollte stattdessen als lü geschrieben werden. von lu.

e) Position der Tonsymbole

Tonsymbole sollten auf dem Vokal und nicht auf dem Anfangskonsonanten markiert werden. Der einfache Final hat nur einen Vokal, und das Tonzeichen kann nur auf diesem Vokal platziert werden, wie bā (八)Und t í (提).

Ein zusammengesetzter Vokal mit einem Tonzeichen auf dem ersten Vokal, wie bái (白) und bēi (杯); Der doppelte Vokal wird von einem zusammengesetzten Vokal gefolgt, und das Tonzeichen ist auf dem zweiten Vokal platziert, wie jiā (Zuhause) und guó (Land);

Ein dreifacher zusammengesetzter Vokal mit einem Tonzeichen auf dem mittleren Vokal, wie jiāo (交) und guāi (乖). Der Ton von iu und ui wird auf dem nächsten Vokal markiert, und der Ton von un wird auf dem ersten Vokal markiert. Wie niú (牛) guī (归), und lùn (论).

Teil 2

STRICH REIHENFOLGE DIAGRAMME

VEREINFACHT	TRADITIONELL	KLINGT WIE	BEDEUTUNG
的	的	**von**	Von

GRAMMATIK / VERWENDUNG / BEDEUTUNGEN

**wirklich / zielen und von / wirklich, klar
(besitzanzeigendes Partikel)**

VEREINFACHT

的

TRADITIONELL

的

VEREINFACHT

SCHREIBEN

verfolgen und zeichnen Sie diesen Buchstaben in die Zellen unten

的

′的	′	竹	的	的	的	的
的						

LERNEN

| TRADITIONELL | SCHREIBEN | verfolgen und zeichnen Sie diesen Buchstaben in die Zellen unten |

的

的

ˊ ㇆ ㇆ ㇂ ㇂ ㇆ 的

的

LERNEN

ÜBEN

VEREINFACHT	TRADITIONELL	KLINGT WIE	BEDEUTUNG
—	—	**yī**	**Eins**

GRAMMATIK / VERWENDUNG / BEDEUTUNGEN

einzeln ; eins ; ein(e)

VEREINFACHT

TRADITIONELL

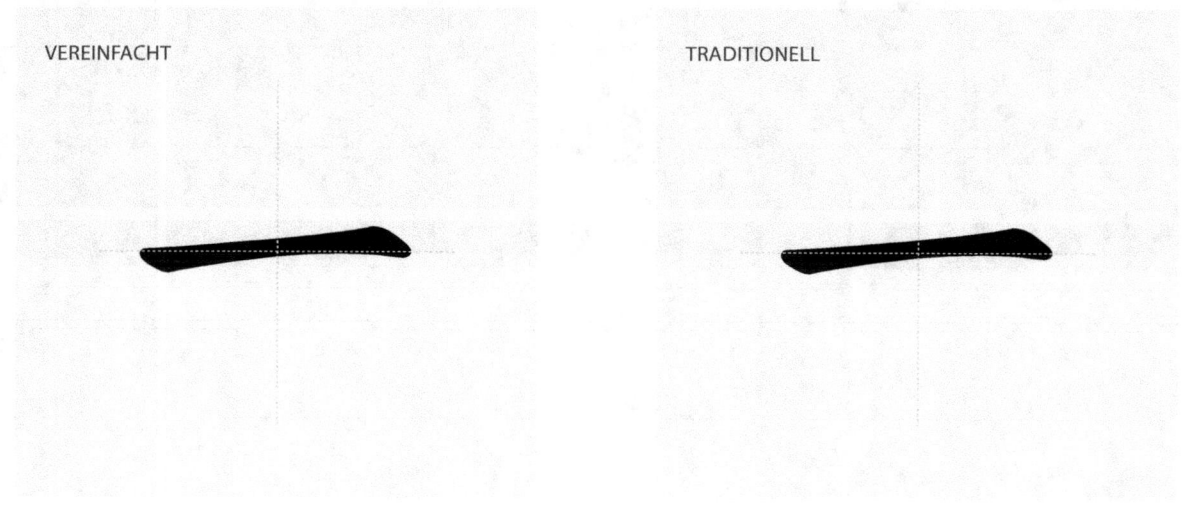

VEREINFACHT   SCHREIBEN   verfolgen und zeichnen Sie diesen Buchstaben in die Zellen unten

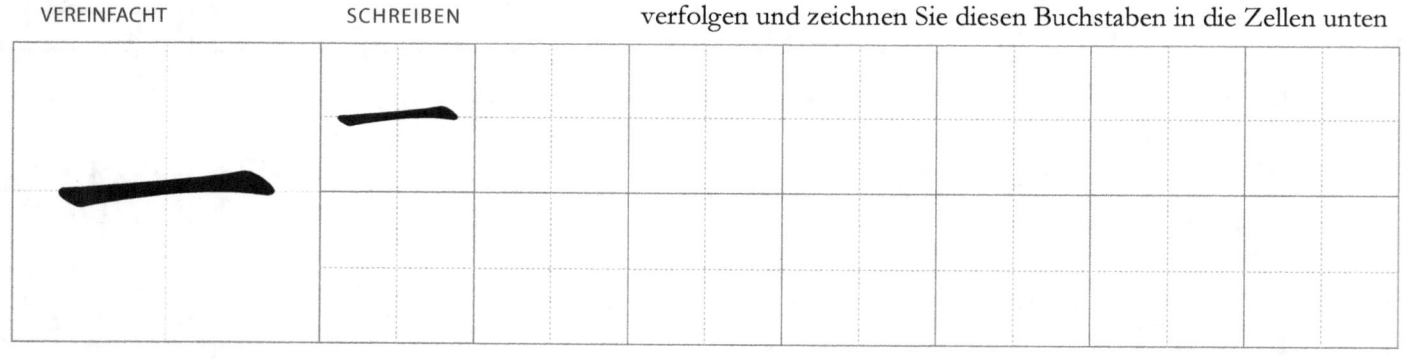

LERNEN

TRADITIONELL   SCHREIBEN   verfolgen und zeichnen Sie diesen Buchstaben in die Zellen unten

LERNEN

ÜBEN

VEREINFACHT	TRADITIONELL	KLINGT WIE	BEDEUTUNG
是	是	shì	Ja

GRAMMATIK / VERWENDUNG / BEDEUTUNGEN

ist, ja, sind, richtig, bin

VEREINFACHT

TRADITIONELL

VEREINFACHT   SCHREIBEN   verfolgen und zeichnen Sie diesen Buchstaben in die Zellen unten

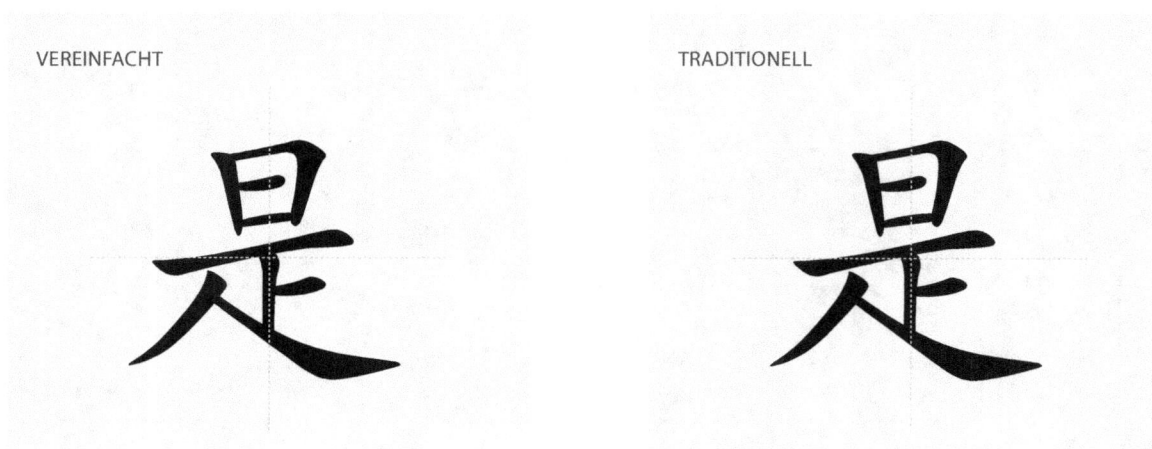

LERNEN

TRADITIONELL   SCHREIBEN   verfolgen und zeichnen Sie diesen Buchstaben in die Zellen unten

是

丶　卜　冄　日　旦　早　昃

异　是

LERNEN

ÜBEN

VEREINFACHT	TRADITIONELL	KLINGT WIE	BEDEUTUNG
不	不	**bù**	**Nein**

GRAMMATIK / VERWENDUNG / BEDEUTUNGEN

nein, nicht (negatives Präfix)

VEREINFACHT

TRADITIONELL

VEREINFACHT

SCHREIBEN

verfolgen und zeichnen Sie diesen Buchstaben in die Zellen unten

LERNEN

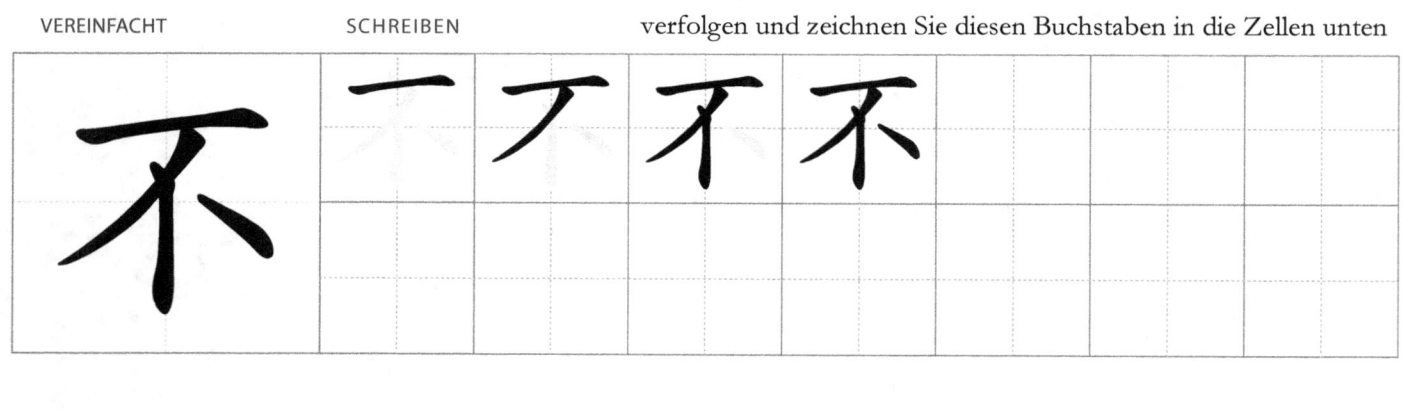

TRADITIONELL   SCHREIBEN   verfolgen und zeichnen Sie diesen Buchstaben in die Zellen unten

不   一   フ   不   不

LERNEN

ÜBEN

VEREINFACHT	TRADITIONELL	KLINGT WIE	BEDEUTUNG
了	了	**le/liǎo**	**Hoch**

**wissen, verstehen, wissen (Vergangen-
heitsmarker), (Modalpartikel zur Intensi-
vierung des vorhergehenden Satzes)**

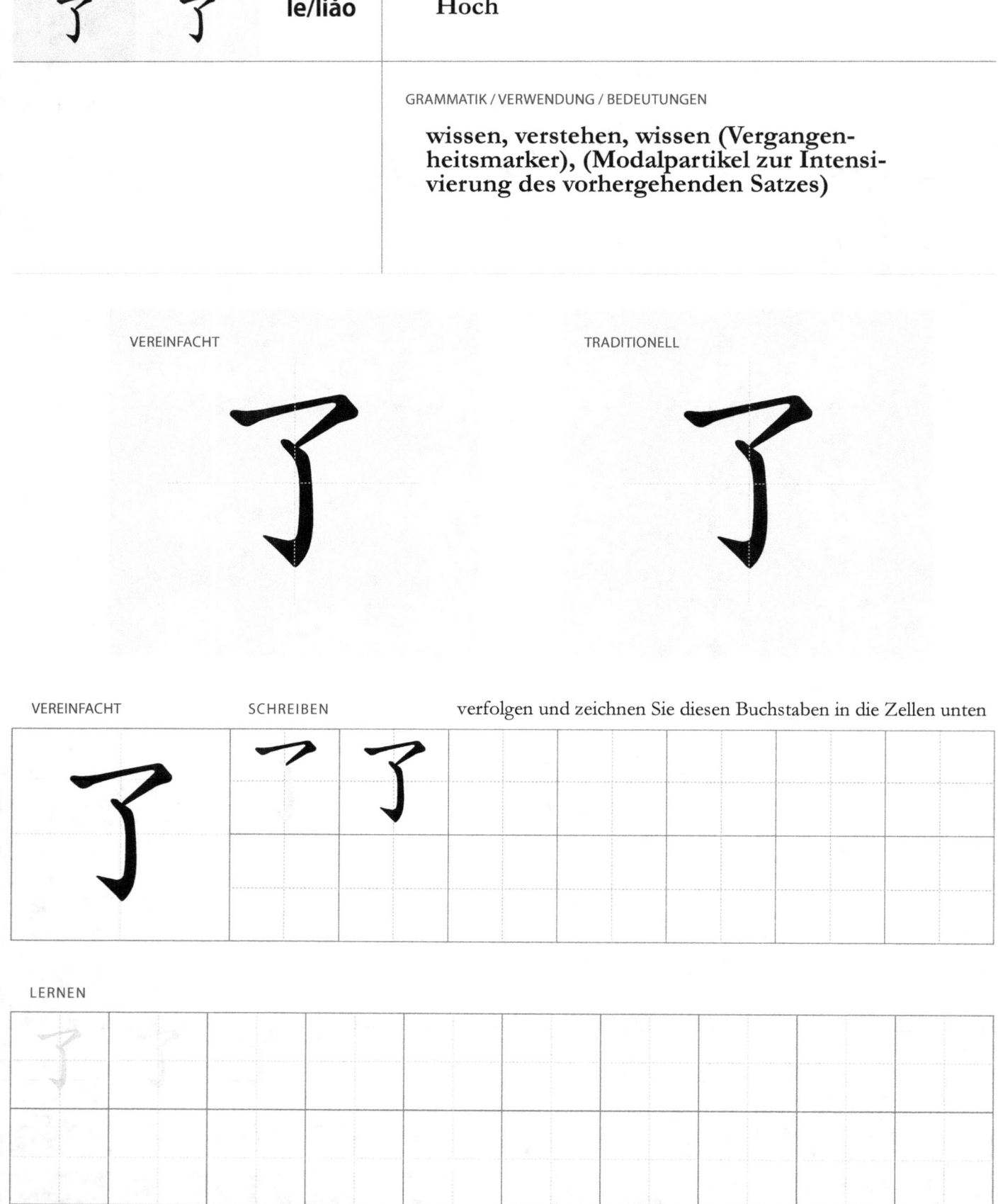

VEREINFACHT

TRADITIONELL

VEREINFACHT   SCHREIBEN   verfolgen und zeichnen Sie diesen Buchstaben in die Zellen unten

LERNEN

TRADITIONELL   SCHREIBEN   verfolgen und zeichnen Sie diesen Buchstaben in die Zellen unten

了   ⁷ 了

LERNEN

ÜBEN

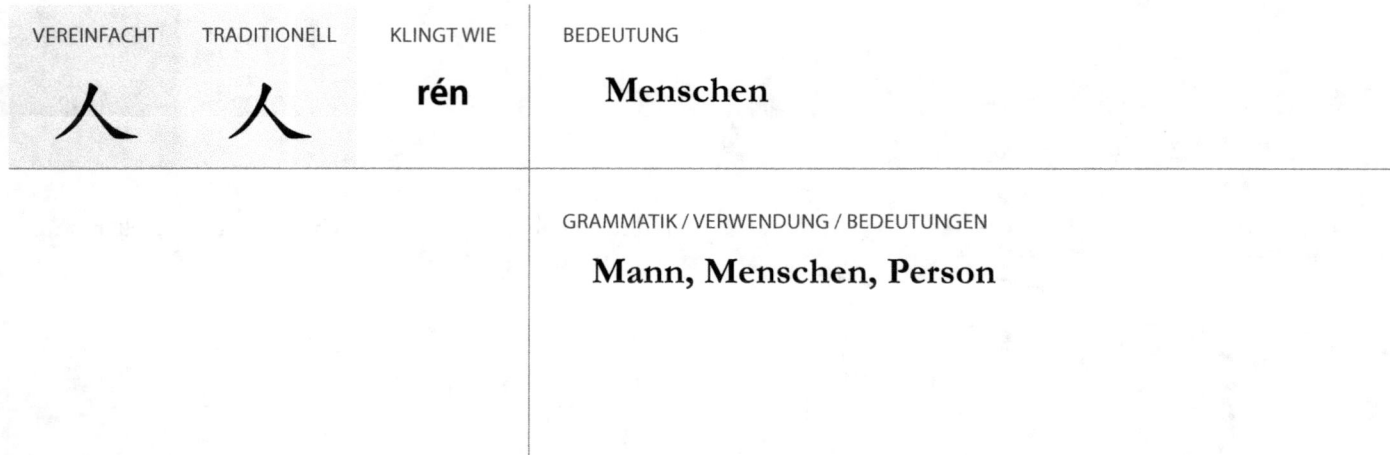

VEREINFACHT	TRADITIONELL	KLINGT WIE	BEDEUTUNG
人	人	**rén**	**Menschen**

GRAMMATIK / VERWENDUNG / BEDEUTUNGEN

Mann, Menschen, Person

VEREINFACHT

人

TRADITIONELL

人

VEREINFACHT

人

SCHREIBEN

verfolgen und zeichnen Sie diesen Buchstaben in die Zellen unten

丿 人

LERNEN

人 人 人

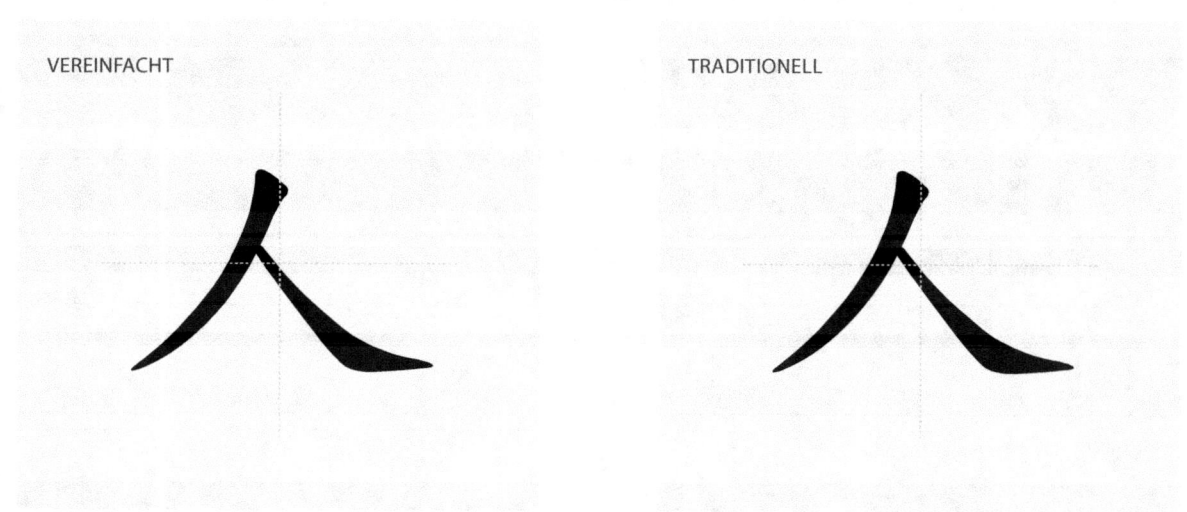

TRADITIONELL   SCHREIBEN   verfolgen und zeichnen Sie diesen Buchstaben in die Zellen unten

人   ノ   人

LERNEN

ÜBEN

VEREINFACHT	TRADITIONELL	KLINGT WIE	BEDEUTUNG
我	我	**wǒ**	**I**

GRAMMATIK / VERWENDUNG / BEDEUTUNGEN

mich, mir, ich

VEREINFACHT

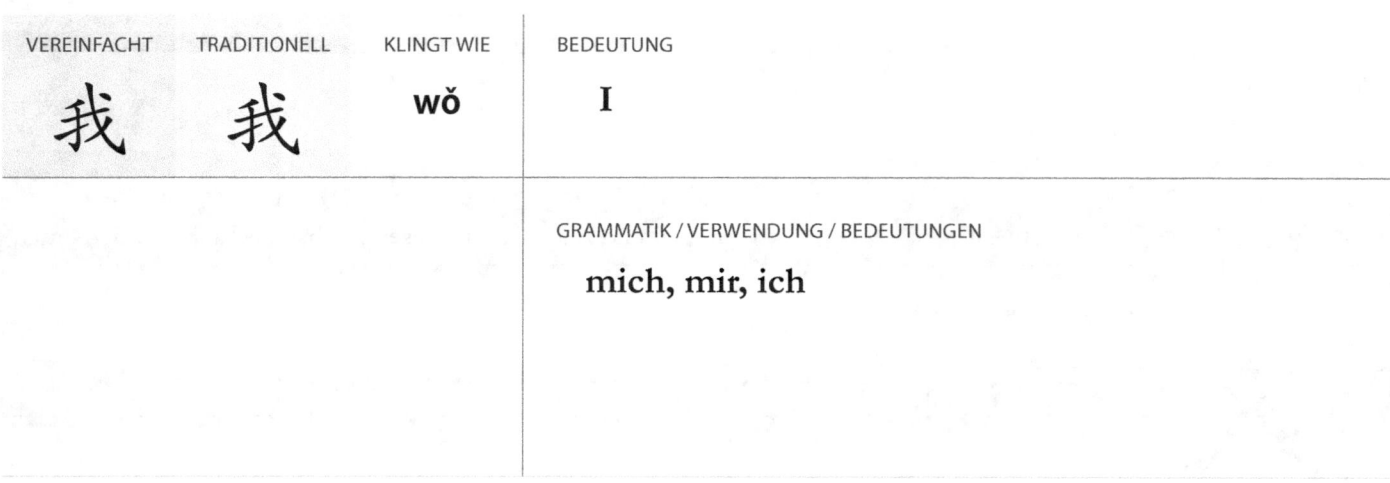

TRADITIONELL

VEREINFACHT   SCHREIBEN   verfolgen und zeichnen Sie diesen Buchstaben in die Zellen unten

LERNEN

TRADITIONELL   SCHREIBEN   verfolgen und zeichnen Sie diesen Buchstaben in die Zellen unten

我   ㇀ 二 干 手 扗 我 我

LERNEN

ÜBEN

VEREINFACHT	TRADITIONELL	KLINGT WIE	BEDEUTUNG
在	在	zài	In

GRAMMATIK / VERWENDUNG / BEDEUTUNGEN

in, existieren, (lokal) bei

VEREINFACHT

TRADITIONELL

VEREINFACHT

SCHREIBEN

verfolgen und zeichnen Sie diesen Buchstaben in die Zellen unten

LERNEN

TRADITIONELL   SCHREIBEN   verfolgen und zeichnen Sie diesen Buchstaben in die Zellen unten

在   一　ナ　ナ　右　存　在

LERNEN

ÜBEN

VEREINFACHT	TRADITIONELL	KLINGT WIE	BEDEUTUNG
有	有	yǒu	Es gibt

GRAMMATIK / VERWENDUNG / BEDEUTUNGEN

existieren, haben, es gibt, sein, es gibt

VEREINFACHT

有

TRADITIONELL

有

VEREINFACHT

有

SCHREIBEN

verfolgen und zeichnen Sie diesen Buchstaben in die Zellen unten

一　ナ　ナ　冇　有　有

LERNEN

TRADITIONELL   SCHREIBEN   verfolgen und zeichnen Sie diesen Buchstaben in die Zellen unten

有   一　ナ　才　冇　有　有

LERNEN

ÜBEN

VEREINFACHT	TRADITIONELL	KLINGT WIE	BEDEUTUNG
他	他	**tā**	Er

GRAMMATIK / VERWENDUNG / BEDEUTUNGEN

er, ihn

VEREINFACHT

他

TRADITIONELL

他

VEREINFACHT　　SCHREIBEN　　verfolgen und zeichnen Sie diesen Buchstaben in die Zellen unten

他 | ノ | 亻 | 仱 | 仲 | 他 | | |

LERNEN

他 他 他

TRADITIONELL   SCHREIBEN   verfolgen und zeichnen Sie diesen Buchstaben in die Zellen unten

他   ノ イ イ⺊ イ也 他

LERNEN

ÜBEN

VEREINFACHT	TRADITIONELL	KLINGT WIE	BEDEUTUNG
这	這	zhè	Dies

GRAMMATIK / VERWENDUNG / BEDEUTUNGEN

dies/diese

VEREINFACHT

TRADITIONELL

VEREINFACHT SCHREIBEN verfolgen und zeichnen Sie diesen Buchstaben in die Zellen unten

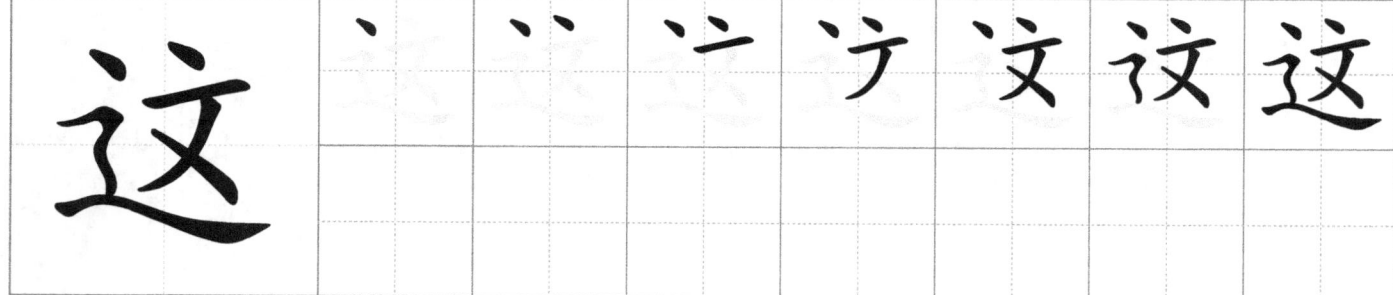

LERNEN

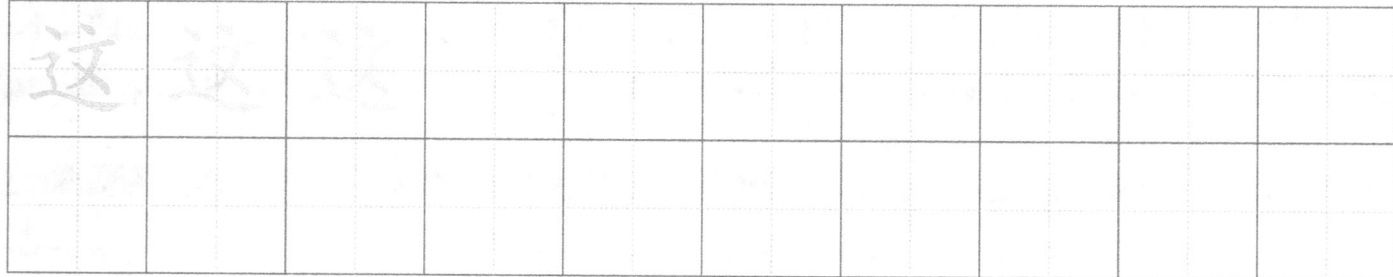

TRADITIONELL   SCHREIBEN   verfolgen und zeichnen Sie diesen Buchstaben in die Zellen unten

這

、　一　二　言　言　言　言

言　信　這

LERNEN

ÜBEN

VEREINFACHT	TRADITIONELL	KLINGT WIE	BEDEUTUNG
为	為	**wéi / wèi**	Für

GRAMMATIK / VERWENDUNG / BEDEUTUNGEN

**werden / wegen, für, um, handeln als, nehmen…,
zu dienen als, zu tun, zu sein, zu sein**

VEREINFACHT

为

TRADITIONELL

為

VEREINFACHT SCHREIBEN verfolgen und zeichnen Sie diesen Buchstaben in die Zellen unten

为 | 为 | ノ | 为 | 为 | | | |

LERNEN

为 | 为 | 为 | | | | | |

TRADITIONELL   SCHREIBEN   verfolgen und zeichnen Sie diesen Buchstaben in die Zellen unten

| 為 | 、 | ノ | 少 | 少 | 為 | 為 | 為 |
| | 為 | 為 | | | | | |

LERNEN

ÜBEN

VEREINFACHT	TRADITIONELL	KLINGT WIE	BEDEUTUNG
之	之	**zhī**	Von

GRAMMATIK / VERWENDUNG / BEDEUTUNGEN

es, sie, ihn

VEREINFACHT

TRADITIONELL

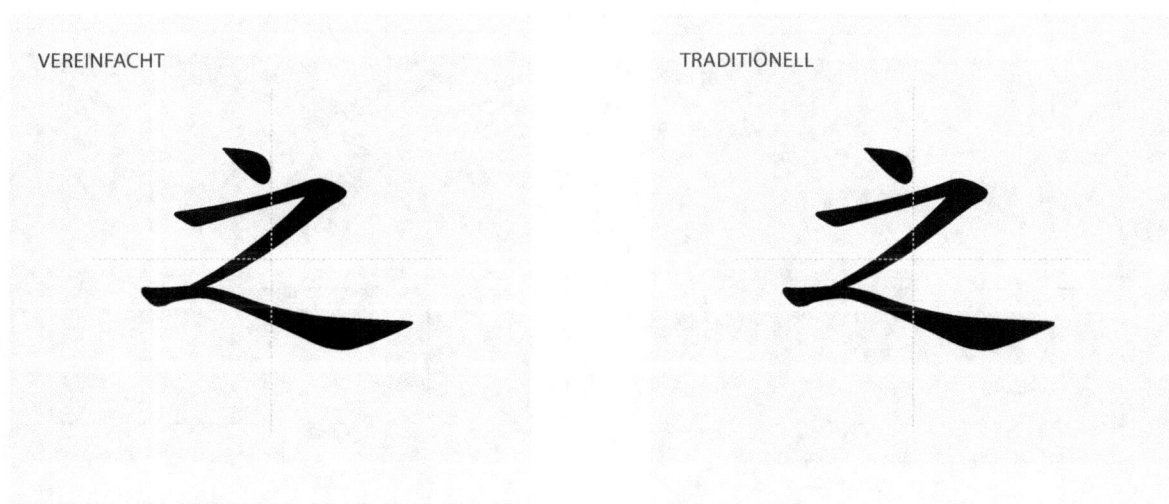

VEREINFACHT   SCHREIBEN   verfolgen und zeichnen Sie diesen Buchstaben in die Zellen unten

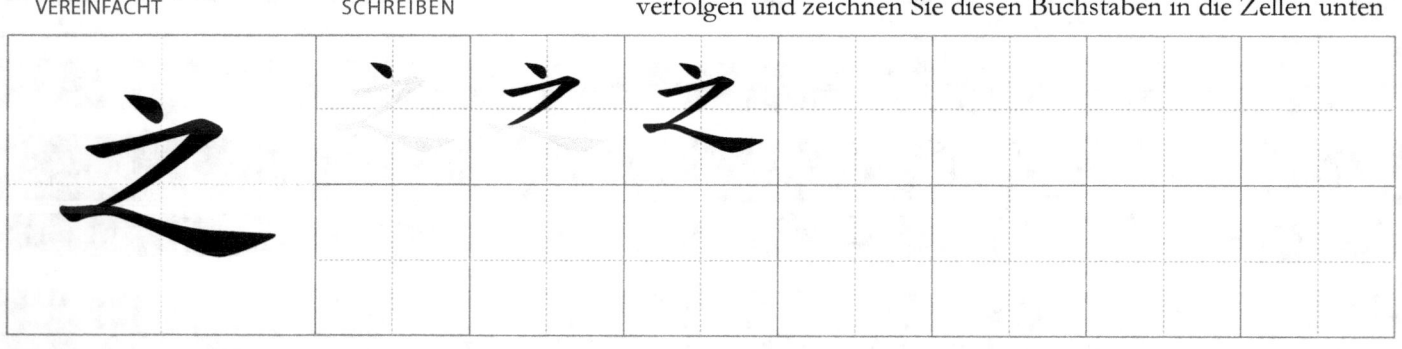

LERNEN

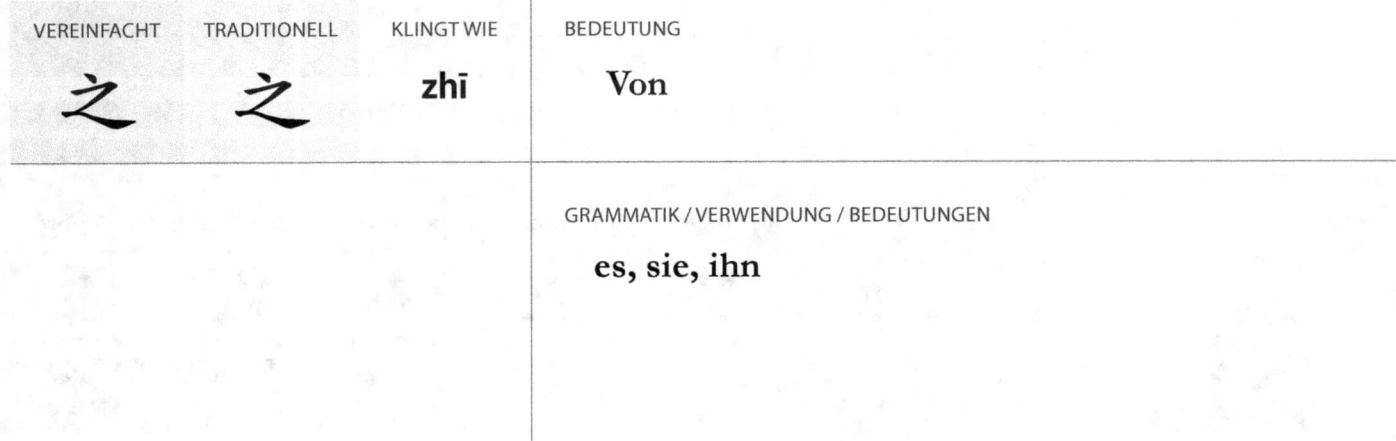

TRADITIONELL   SCHREIBEN   verfolgen und zeichnen Sie diesen Buchstaben in die Zellen unten

之   ` ⊃ 之

LERNEN

ÜBEN

VEREINFACHT	TRADITIONELL	KLINGT WIE	BEDEUTUNG
大	大	dà	**Groß**

GRAMMATIK / VERWENDUNG / BEDEUTUNGEN

ältester/Arzt, groß, groß, stark, schwer, bedeutend, riesig, groß, weit, ältester, tief

VEREINFACHT

大

TRADITIONELL

大

VEREINFACHT

SCHREIBEN

verfolgen und zeichnen Sie diesen Buchstaben in die Zellen unten

大	一	𠂇	大					

LERNEN

大	大	大							

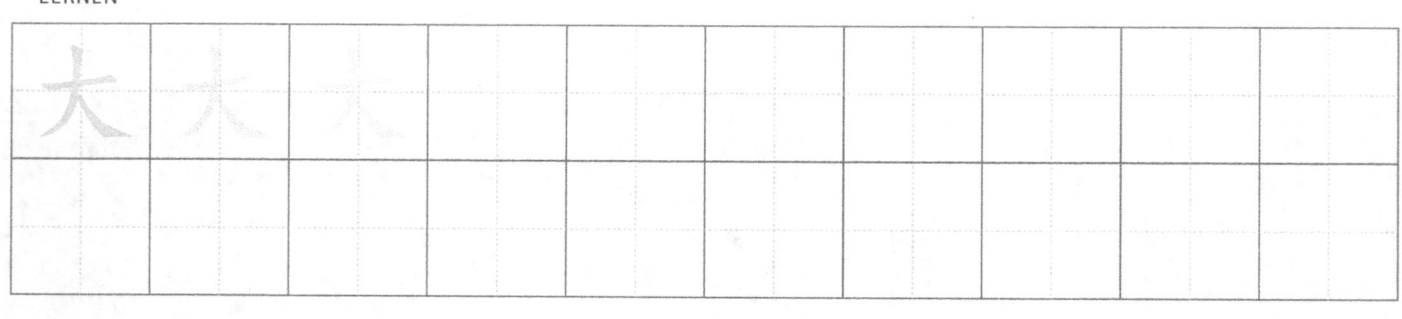

TRADITIONELL   SCHREIBEN   verfolgen und zeichnen Sie diesen Buchstaben in die Zellen unten

大   一 ナ 大

LERNEN

ÜBEN

VEREINFACHT	TRADITIONELL	KLINGT WIE	BEDEUTUNG
来	来	**lái**	**Kommen**

GRAMMATIK / VERWENDUNG / BEDEUTUNGEN

kommen

VEREINFACHT

TRADITIONELL

VEREINFACHT   SCHREIBEN   verfolgen und zeichnen Sie diesen Buchstaben in die Zellen unten

LERNEN

TRADITIONELL   SCHREIBEN   verfolgen und zeichnen Sie diesen Buchstaben in die Zellen unten

來

LERNEN

ÜBEN

VEREINFACHT	TRADITIONELL	KLINGT WIE	BEDEUTUNG
以	以	yǐ	**Mit**

GRAMMATIK / VERWENDUNG / BEDEUTUNGEN

laut, um zu, wegen, zu verwenden, nehmen

VEREINFACHT

TRADITIONELL

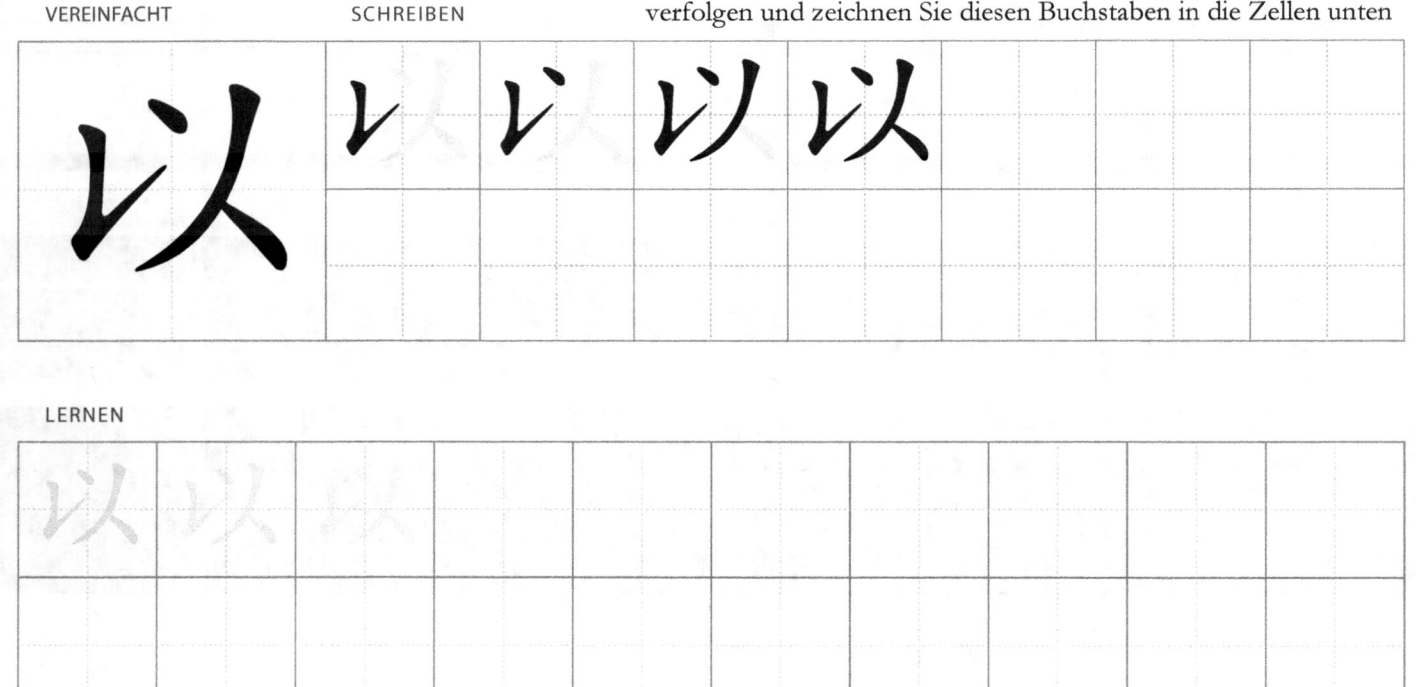

VEREINFACHT   SCHREIBEN   verfolgen und zeichnen Sie diesen Buchstaben in die Zellen unten

LERNEN

TRADITIONELL   SCHREIBEN   verfolgen und zeichnen Sie diesen Buchstaben in die Zellen unten

以   レ   レ   レノ   以

LERNEN

ÜBEN

VEREINFACHT	TRADITIONELL	KLINGT WIE	BEDEUTUNG
个	個	gè	**Einzelperson**

GRAMMATIK / VERWENDUNG / BEDEUTUNGEN

einzelperson(ein Maßwort)

VEREINFACHT

TRADITIONELL

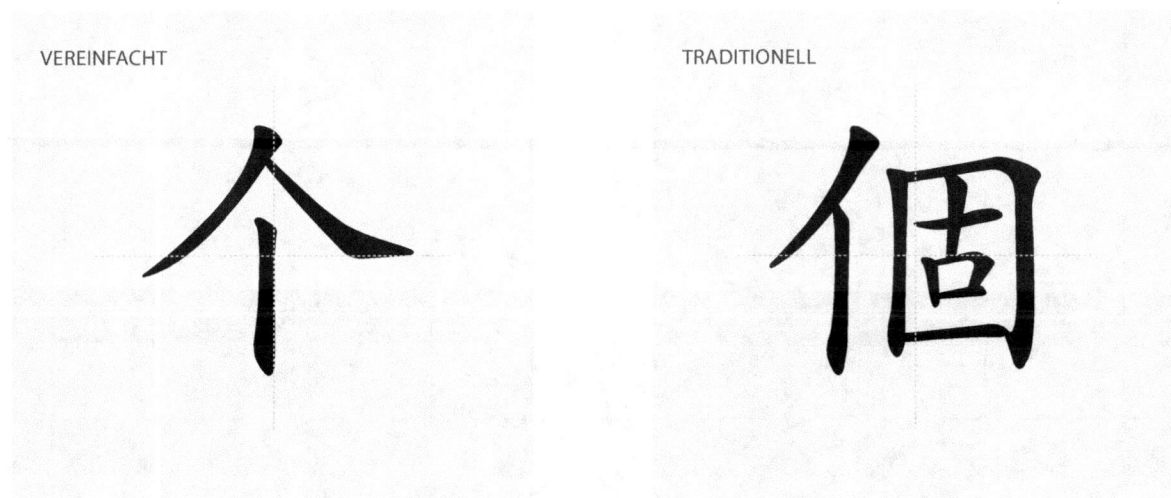

VEREINFACHT   SCHREIBEN   verfolgen und zeichnen Sie diesen Buchstaben in die Zellen unten

LERNEN

50

TRADITIONELL   SCHREIBEN   verfolgen und zeichnen Sie diesen Buchstaben in die Zellen unten

個	╱	亻	仍	们	们	们
	個	個	個			

LERNEN

ÜBEN

VEREINFACHT	TRADITIONELL	KLINGT WIE	BEDEUTUNG
中	中	**zhōng**	**Mitte**

GRAMMATIK / VERWENDUNG / BEDEUTUNGEN

unter, innerhalb, in, Mitte, Medium, Zentrum, während, während (etwas tun)

VEREINFACHT

TRADITIONELL

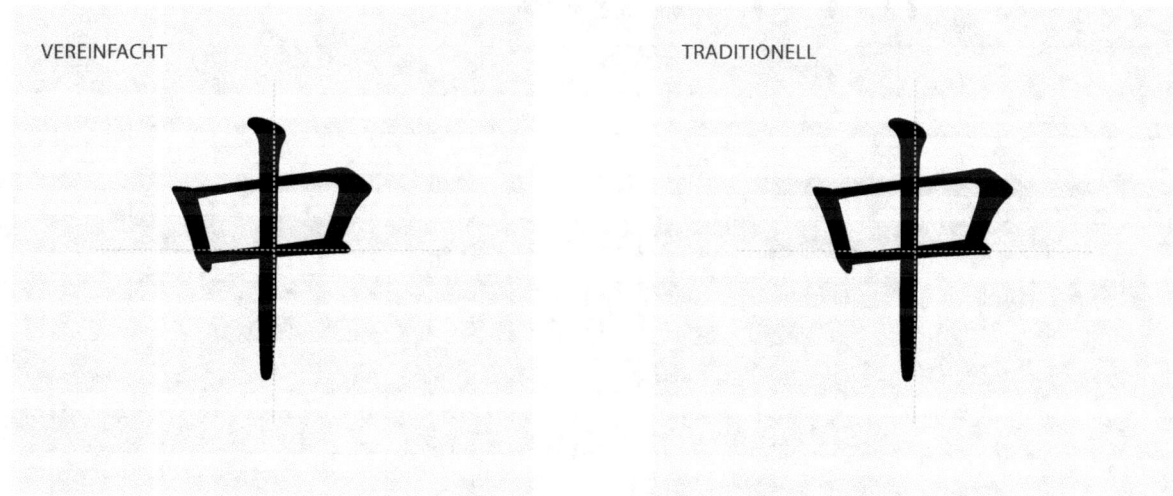

VEREINFACHT   SCHREIBEN   verfolgen und zeichnen Sie diesen Buchstaben in die Zellen unten

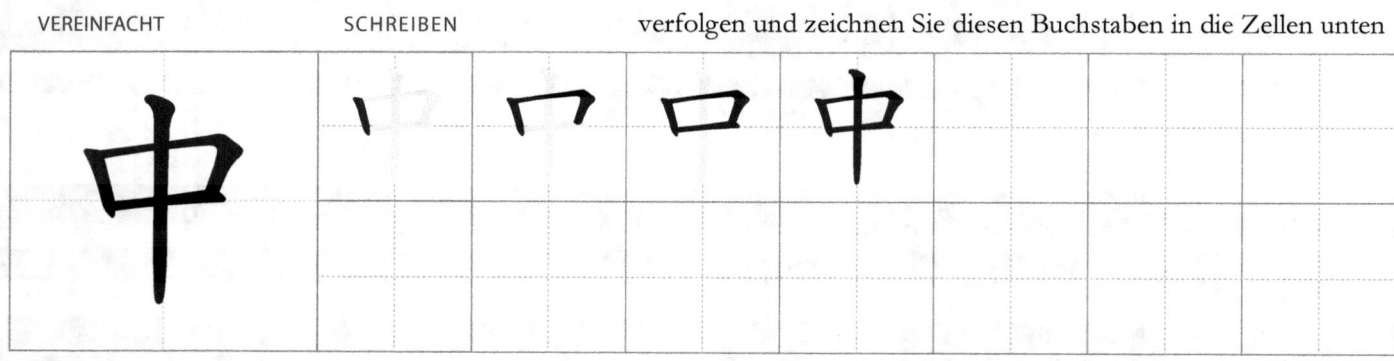

LERNEN

TRADITIONELL   SCHREIBEN   verfolgen und zeichnen Sie diesen Buchstaben in die Zellen unten

中   丶   冖   口   中

LERNEN

ÜBEN

VEREINFACHT	TRADITIONELL	KLINGT WIE	BEDEUTUNG
上	上	**shàng**	**Auf**

letzte, vorherige, auf, oben, über, Spitze, (gehen) hoch

VEREINFACHT

TRADITIONELL

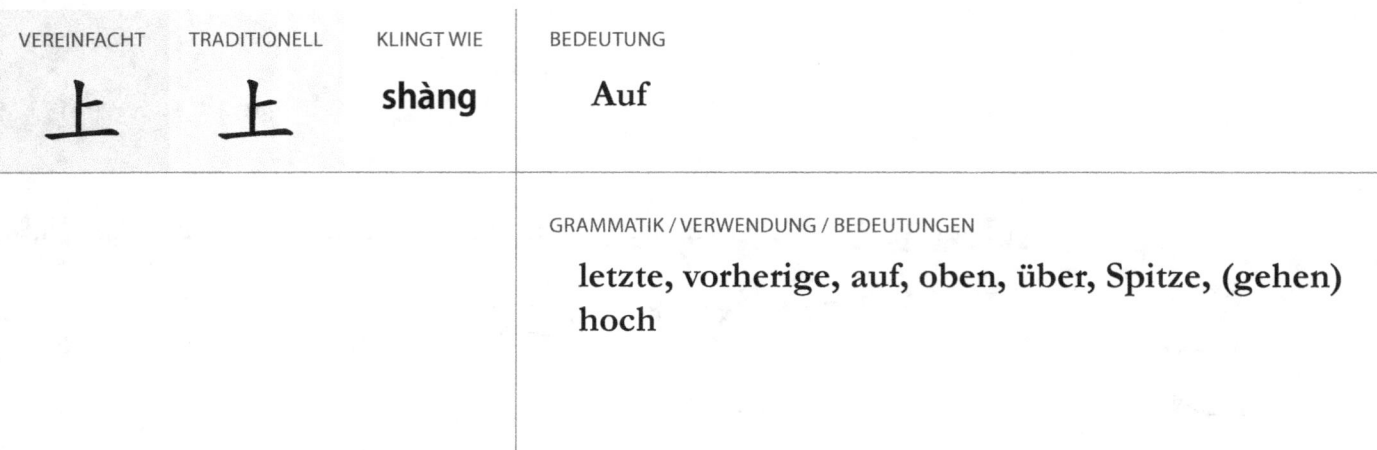

VEREINFACHT SCHREIBEN verfolgen und zeichnen Sie diesen Buchstaben in die Zellen unten

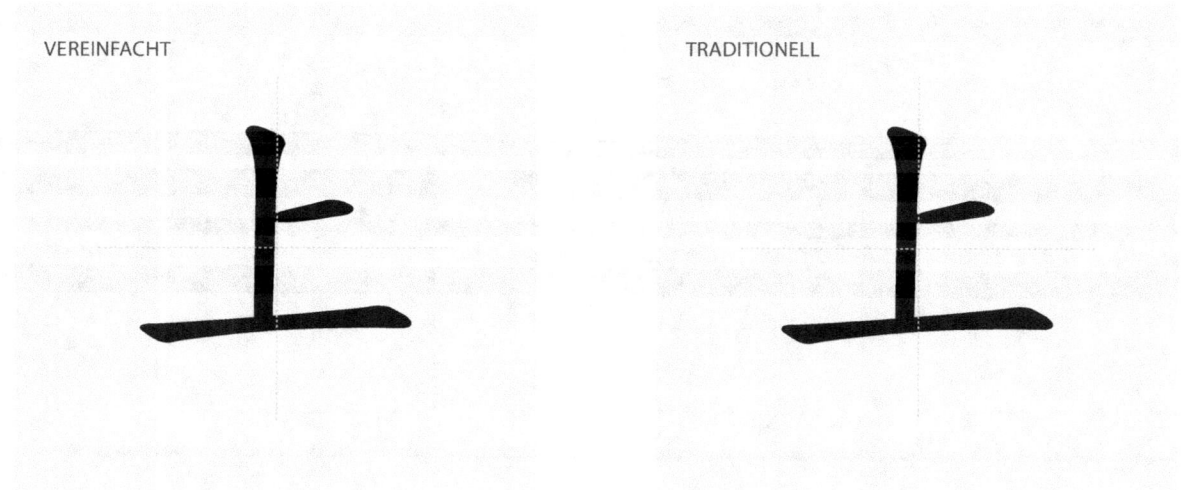

LERNEN

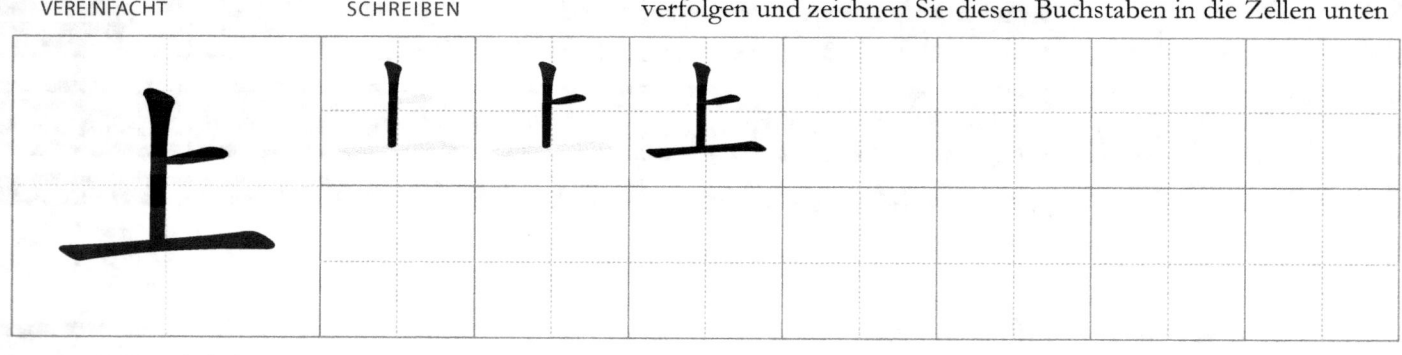

TRADITIONELL   SCHREIBEN   verfolgen und zeichnen Sie diesen Buchstaben in die Zellen unten

上   丨 卜 上

LERNEN

ÜBEN

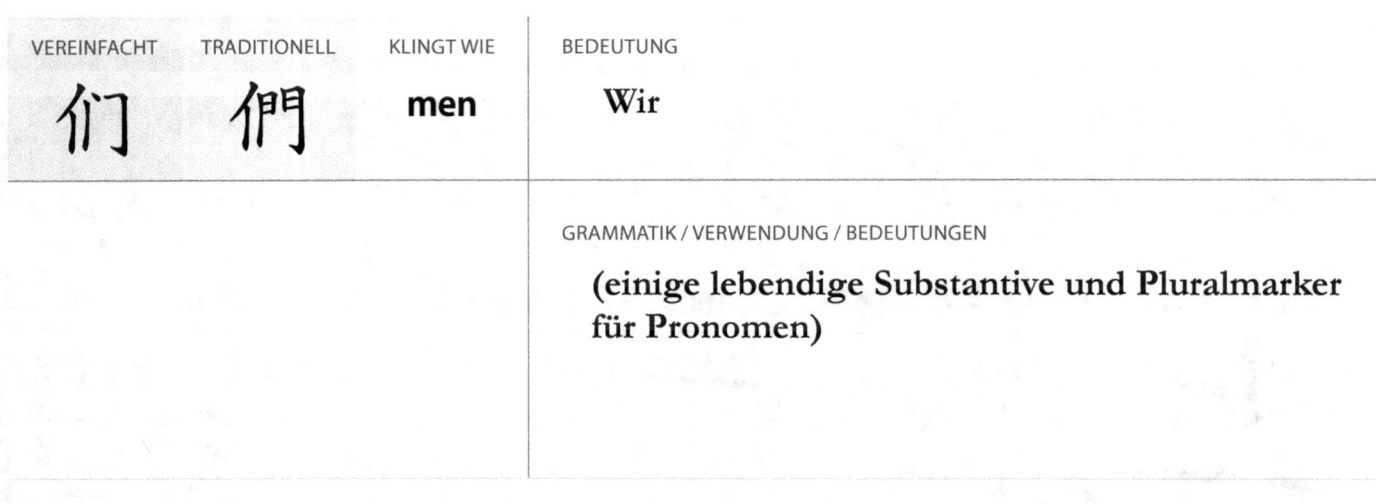

VEREINFACHT	TRADITIONELL	KLINGT WIE	BEDEUTUNG
们	們	**men**	**Wir**

GRAMMATIK / VERWENDUNG / BEDEUTUNGEN

(einige lebendige Substantive und Pluralmarker für Pronomen)

VEREINFACHT

TRADITIONELL

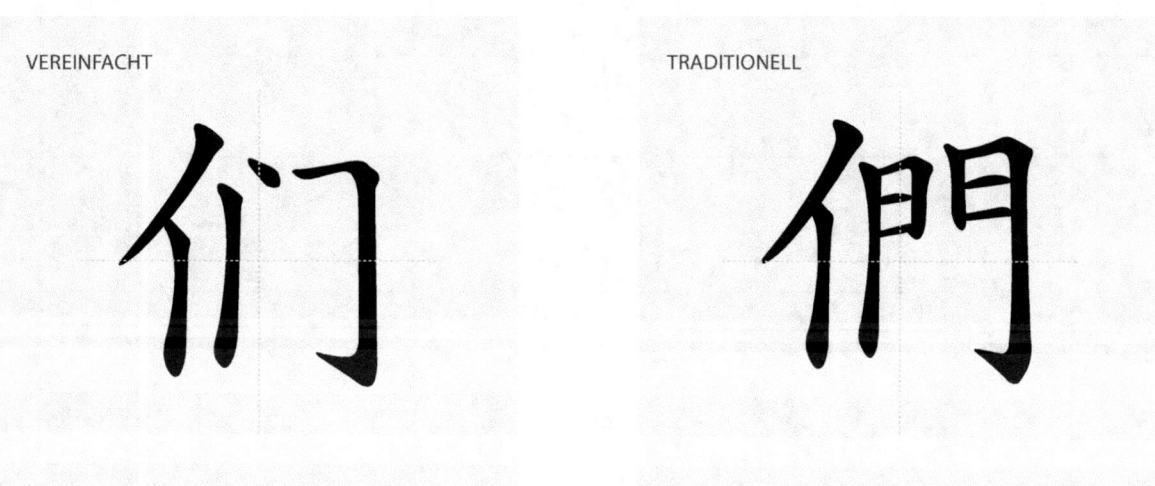

VEREINFACHT   SCHREIBEN   verfolgen und zeichnen Sie diesen Buchstaben in die Zellen unten

LERNEN

TRADITIONELL   SCHREIBEN   verfolgen und zeichnen Sie diesen Buchstaben in die Zellen unten

們

| ノ | イ | 们 | 们 | 们 | 们 | 们 |
| 們 | 們 | 們 | | | | |

LERNEN

ÜBEN

VEREINFACHT	TRADITIONELL	KLINGT WIE	BEDEUTUNG
到	到	**dào**	Zu

GRAMMATIK / VERWENDUNG / BEDEUTUNGEN

bis (zu einer Zeit), bis, hingehen, ankommen, zu (einem Ort)

VEREINFACHT

到

TRADITIONELL

到

VEREINFACHT 　　　SCHREIBEN 　　　verfolgen und zeichnen Sie diesen Buchstaben in die Zellen unten

到

一	乙	云	云	至	至	到
到						

LERNEN

到	到						

TRADITIONELL	SCHREIBEN	verfolgen und zeichnen Sie diesen Buchstaben in die Zellen unten

到

一　乙　云　云　至　至　到

到

LERNEN

ÜBEN

VEREINFACHT	TRADITIONELL	KLINGT WIE	BEDEUTUNG
说	説	**shuō**	Sagt

GRAMMATIK / VERWENDUNG / BEDEUTUNGEN

sagen, erklären, kritisieren, sprechen

VEREINFACHT

说

TRADITIONELL

説

VEREINFACHT

说

SCHREIBEN

verfolgen und zeichnen Sie diesen Buchstaben in die Zellen unten

说	说	说	说	说	说	说
说	说					

LERNEN

说	说					

TRADITIONELL   SCHREIBEN   verfolgen und zeichnen Sie diesen Buchstaben in die Zellen unten

LERNEN

ÜBEN

GRAMMATIK / VERWENDUNG / BEDEUTUNGEN

land, staat, national, nation

VEREINFACHT

TRADITIONELL

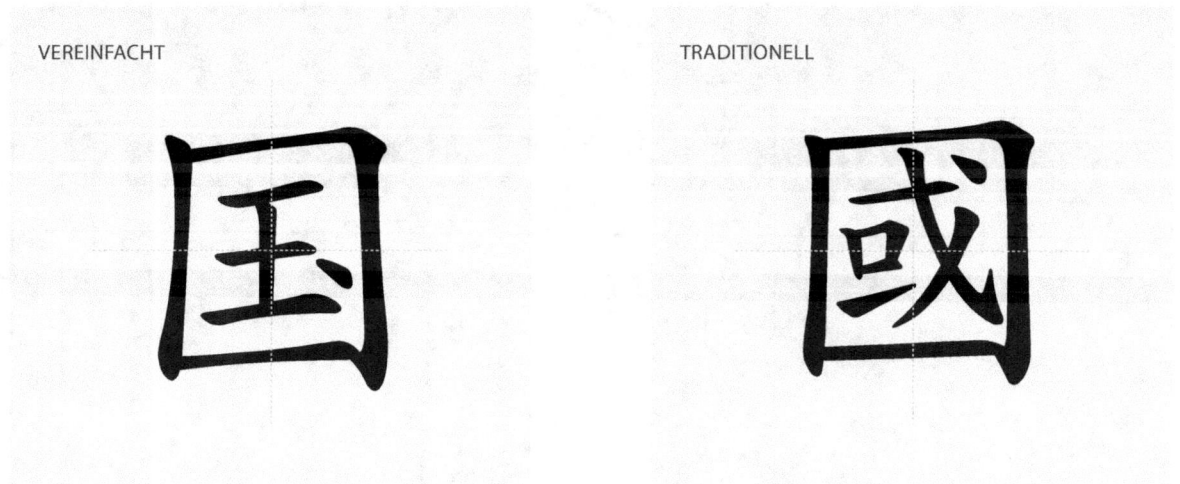

VEREINFACHT	SCHREIBEN	verfolgen und zeichnen Sie diesen Buchstaben in die Zellen unten

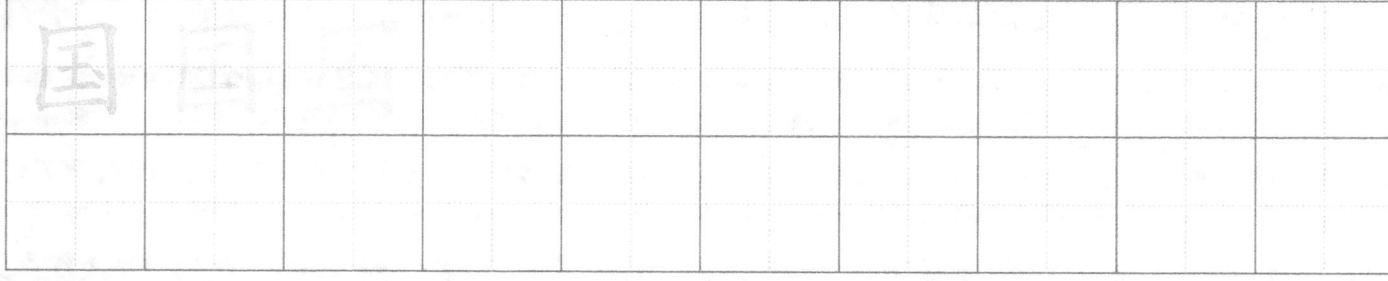

LERNEN

TRADITIONELL   SCHREIBEN   verfolgen und zeichnen Sie diesen Buchstaben in die Zellen unten

國

| 丨 | 冂 | 冂 | 同 | 同 | 同 | 同 |
| 或 | 或 | 國 | 國 | | | |

LERNEN

ÜBEN

VEREINFACHT	TRADITIONELL	KLINGT WIE	BEDEUTUNG
和	和	**hé / huò**	**Und**

GRAMMATIK / VERWENDUNG / BEDEUTUNGEN

Frieden ; Harmonie, und, zusammen, Summe, mit

VEREINFACHT

和

TRADITIONELL

和

VEREINFACHT | SCHREIBEN | verfolgen und zeichnen Sie diesen Buchstaben in die Zellen unten

和 | 千 二 千 禾 禾 禾 和 和

LERNEN

TRADITIONELL   SCHREIBEN   verfolgen und zeichnen Sie diesen Buchstaben in die Zellen unten

和 | 一 二 千 禾 禾 禾 和
和

LERNEN

ÜBEN

VEREINFACHT	TRADITIONELL	KLINGT WIE	BEDEUTUNG
地	地	**de / dì**	**Boden**

GRAMMATIK / VERWENDUNG / BEDEUTUNGEN

/ly / Erde, Ort, Land, Boden, Feld

VEREINFACHT

地

TRADITIONELL

地

VEREINFACHT   SCHREIBEN   verfolgen und zeichnen Sie diesen Buchstaben in die Zellen unten

地 | 一 | 十 | 土 | 圠 | 地 | 地 | | |

LERNEN

TRADITIONELL   SCHREIBEN   verfolgen und zeichnen Sie diesen Buchstaben in die Zellen unten

地   一   十   土   圠   圠   地

LERNEN

ÜBEN

VEREINFACHT	TRADITIONELL	KLINGT WIE	BEDEUTUNG
也	也	yě	**Auch**

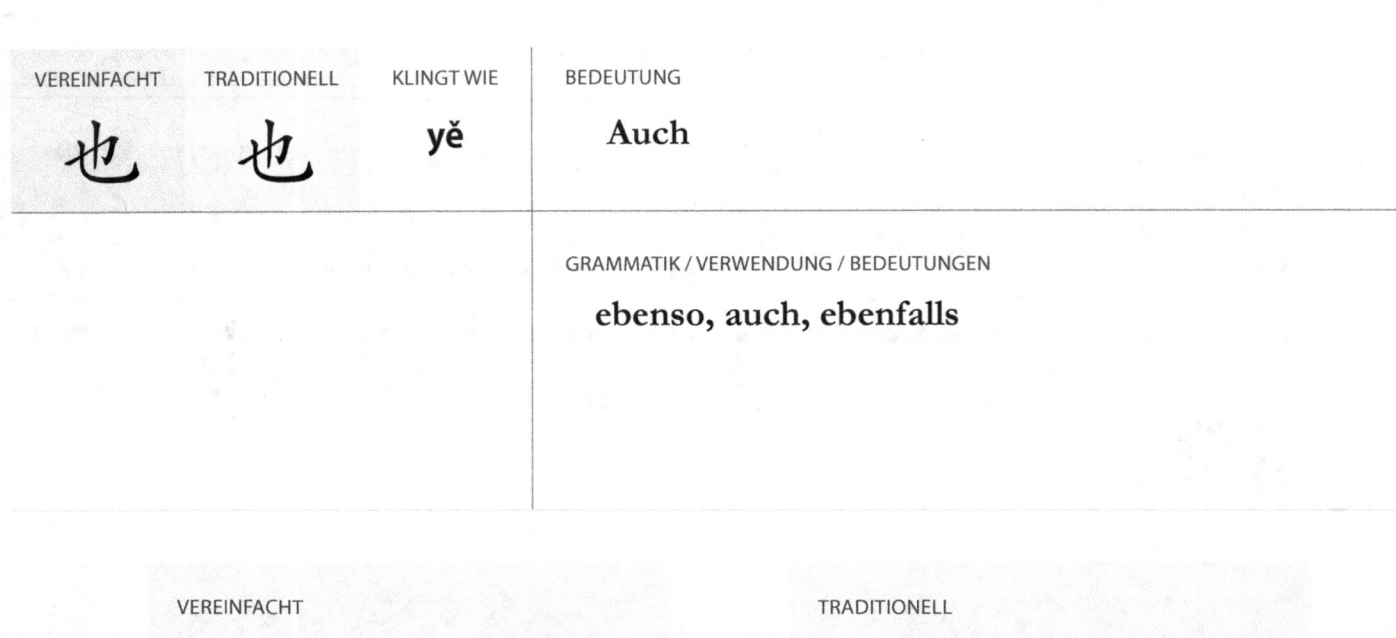

GRAMMATIK / VERWENDUNG / BEDEUTUNGEN

ebenso, auch, ebenfalls

VEREINFACHT

TRADITIONELL

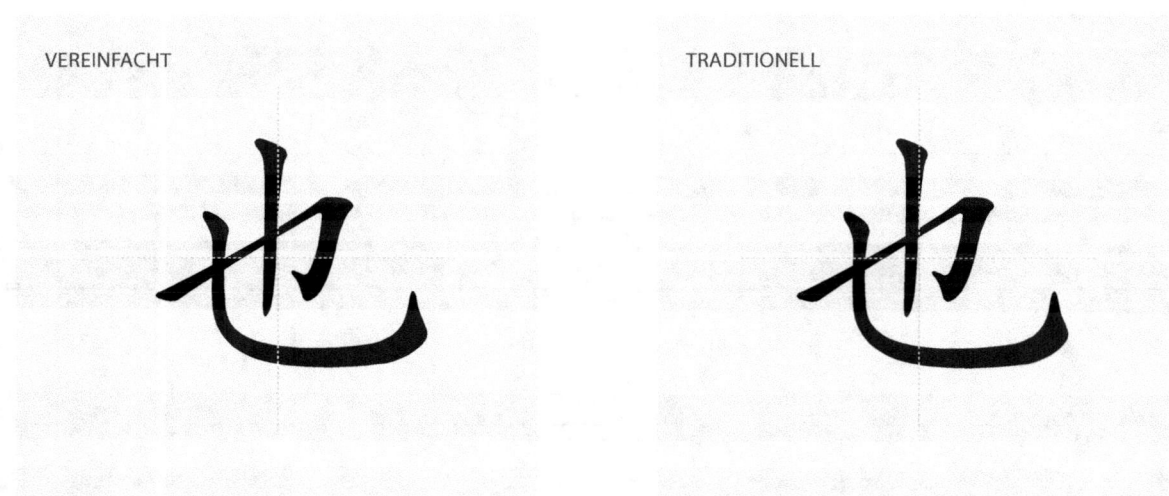

VEREINFACHT   SCHREIBEN   verfolgen und zeichnen Sie diesen Buchstaben in die Zellen unten

LERNEN

TRADITIONELL   SCHREIBEN   verfolgen und zeichnen Sie diesen Buchstaben in die Zellen unten

也   ⁊   力   也

LERNEN

ÜBEN

VEREINFACHT	TRADITIONELL	KLINGT WIE	BEDEUTUNG
子	子	**zǐ**	**Sohn**

GRAMMATIK / VERWENDUNG / BEDEUTUNGEN

Kind, Sohn, Person, Samen

VEREINFACHT

TRADITIONELL

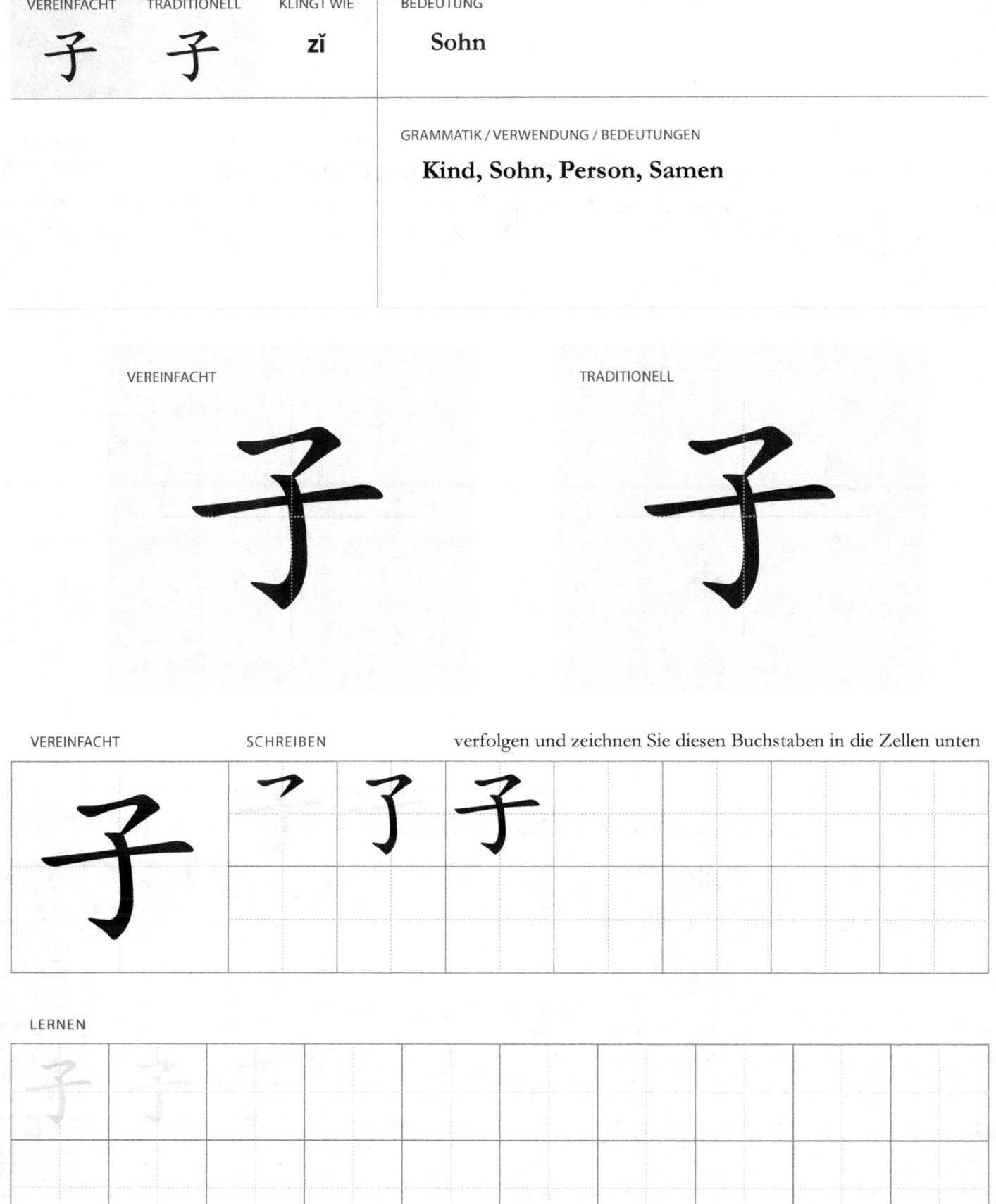

VEREINFACHT   SCHREIBEN   verfolgen und zeichnen Sie diesen Buchstaben in die Zellen unten

LERNEN

TRADITIONELL   SCHREIBEN   verfolgen und zeichnen Sie diesen Buchstaben in die Zellen unten

子   乛 了 子

LERNEN

ÜBEN

VEREINFACHT	TRADITIONELL	KLINGT WIE	BEDEUTUNG
时	時	**shí**	**Zeit**

GRAMMATIK / VERWENDUNG / BEDEUTUNGEN

wann, Zeitraum, Saison, Zeit, Stunde

VEREINFACHT

时

TRADITIONELL

時

VEREINFACHT

SCHREIBEN

verfolgen und zeichnen Sie diesen Buchstaben in die Zellen unten

时	丨	冂	月	日	日一	时	时

LERNEN

时	时								

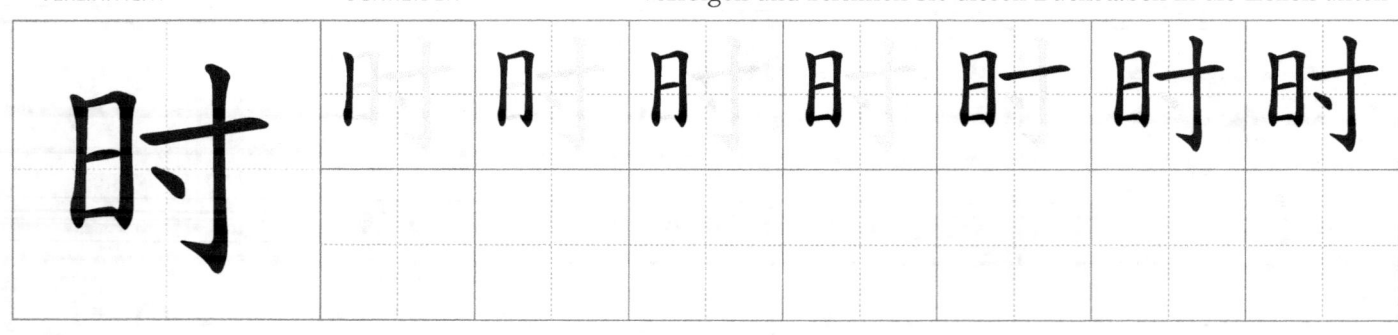

TRADITIONELL   SCHREIBEN   verfolgen und zeichnen Sie diesen Buchstaben in die Zellen unten

時   丨 冂 月 日 日⁻ 日⁺ 日士

時 時 時

LERNEN

ÜBEN

VEREINFACHT	TRADITIONELL	KLINGT WIE	BEDEUTUNG
道	道	**dào**	Straße

Methode, ein Maßwort, Grund, sagen, sprechen, reden, Richtung, Weg, Methode, Straße, Pfad, Prinzip, Wahrheit, Fähigkeit, Tao (des Taoismus)

VEREINFACHT

道

TRADITIONELL

道

VEREINFACHT

道

SCHREIBEN   verfolgen und zeichnen Sie diesen Buchstaben in die Zellen unten

丶	丷	丷	丷	产	产	首
首	首	首	诮	道		

LERNEN

道						

TRADITIONELL	SCHREIBEN	verfolgen und zeichnen Sie diesen Buchstaben in die Zellen unten

道

丶 ソ 丷 ゾ 产 酋 酋

首 首 首 道 道

LERNEN

ÜBEN

VEREINFACHT	TRADITIONELL	KLINGT WIE	BEDEUTUNG
出	出	chū	Aus

GRAMMATIK / VERWENDUNG / BEDEUTUNGEN

entstehen, hervorbringen, geschehen, passieren, hinausgehen, herauskommen, auftreten, produzieren, übertreffen

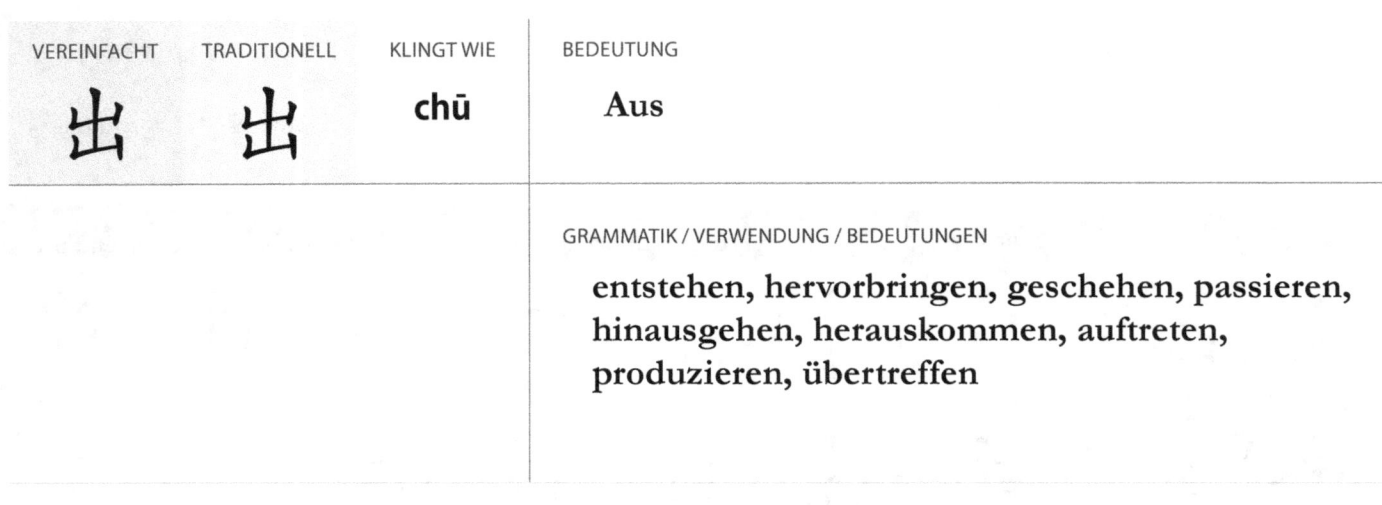

VEREINFACHT

TRADITIONELL

VEREINFACHT   SCHREIBEN   verfolgen und zeichnen Sie diesen Buchstaben in die Zellen unten

LERNEN

TRADITIONELL SCHREIBEN verfolgen und zeichnen Sie diesen Buchstaben in die Zellen unten

出 乚 乚 中 出 出

LERNEN

ÜBEN

VEREINFACHT	TRADITIONELL	KLINGT WIE	BEDEUTUNG
而	而	ér	Und

GRAMMATIK / VERWENDUNG / BEDEUTUNGEN

(zeigt einen Zustandswechsel), (zeigt kausale Beziehung), (zeigt Kontrast) und, sowie, aber (nicht), doch (nicht),

VEREINFACHT

TRADITIONELL

VEREINFACHT   SCHREIBEN   verfolgen und zeichnen Sie diesen Buchstaben in die Zellen unten

LERNEN

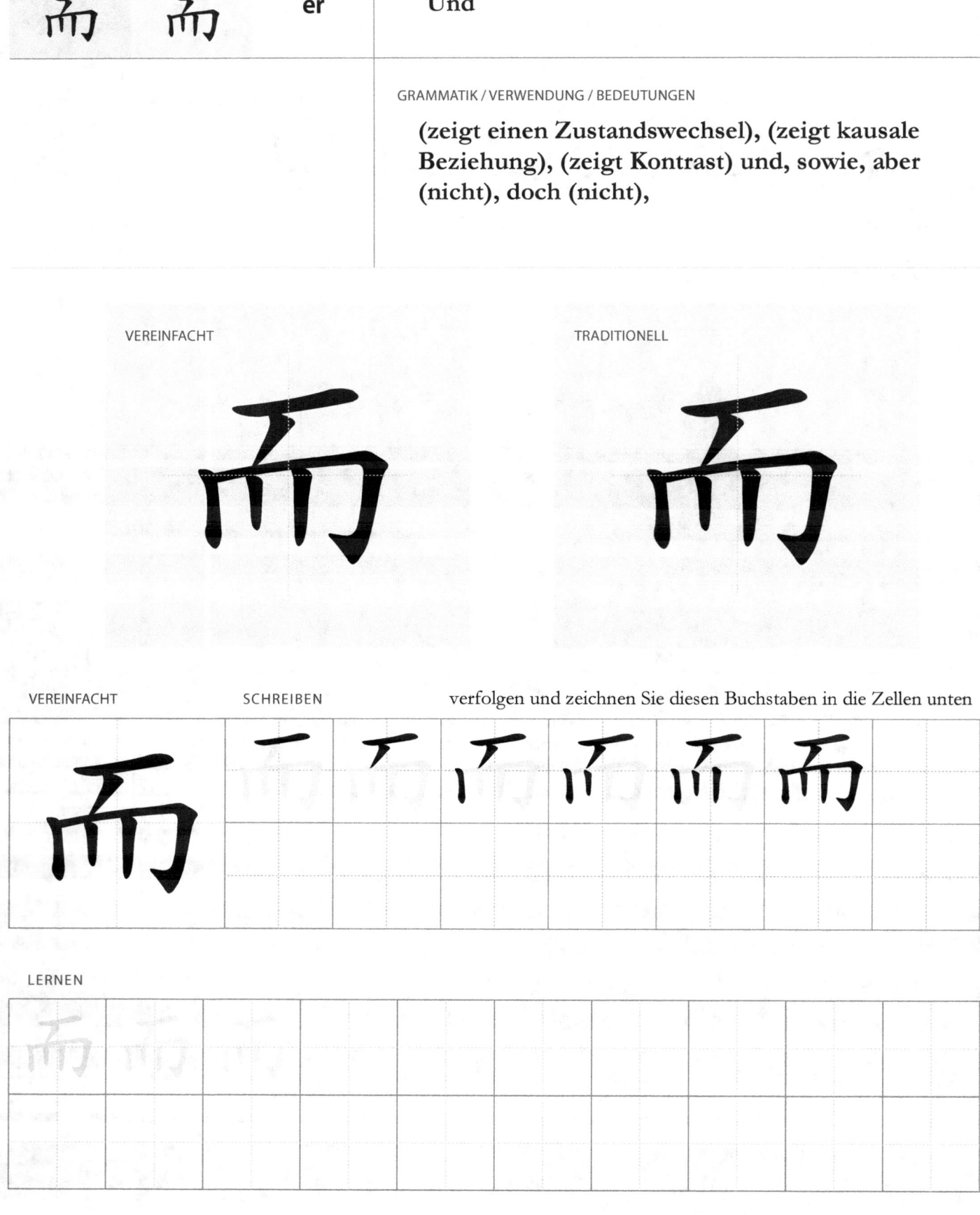

TRADITIONELL   SCHREIBEN   verfolgen und zeichnen Sie diesen Buchstaben in die Zellen unten

而

一 一 一 一 一 而

LERNEN

ÜBEN

VEREINFACHT	TRADITIONELL	KLINGT WIE	BEDEUTUNG
要	要	yào/yāo	Wollen

GRAMMATIK / VERWENDUNG / BEDEUTUNGEN

müssen ; verlangen, fragen, beabsichtigen, anfordern, wichtig, wollen

VEREINFACHT

要

TRADITIONELL

要

VEREINFACHT

要

SCHREIBEN

verfolgen und zeichnen Sie diesen Buchstaben in die Zellen unten

LERNEN

TRADITIONELL　　　SCHREIBEN　　　verfolgen und zeichnen Sie diesen Buchstaben in die Zellen unten

要

一　一　厂　兀　西　西　覀

要　要

LERNEN

ÜBEN

VEREINFACHT	TRADITIONELL	KLINGT WIE	BEDEUTUNG
于	於 ODER 于	**yú**	**Bei**

GRAMMATIK / VERWENDUNG / BEDEUTUNGEN

in Bezug auf, bei, in

VEREINFACHT

TRADITIONELL

ODER

於　`　二　方　方　於　於
於

于　一　二　于

LERNEN

ÜBEN

VEREINFACHT	TRADITIONELL	KLINGT WIE	BEDEUTUNG
就	就	jiù	Gerade

GRAMMATIK / VERWENDUNG / BEDEUTUNGEN

dann, nur, gerade, sofort, gleich

VEREINFACHT

就

TRADITIONELL

就

VEREINFACHT SCHREIBEN verfolgen und zeichnen Sie diesen Buchstaben in die Zellen unten

LERNEN

TRADITIONELL   SCHREIBEN   verfolgen und zeichnen Sie diesen Buchstaben in die Zellen unten

就

丶　二　亠　古　古　亨　亨
京　京　訧　就　就

LERNEN

ÜBEN

VEREINFACHT	TRADITIONELL	KLINGT WIE	BEDEUTUNG
下	下	**unten**	nach unten

GRAMMATIK / VERWENDUNG / BEDEUTUNGEN

nächster (im Gegensatz zu vorheriger/letzter), darunter, unter, (gehen) nach unten

VEREINFACHT

TRADITIONELL

VEREINFACHT SCHREIBEN verfolgen und zeichnen Sie diesen Buchstaben in die Zellen unten

LERNEN

TRADITIONELL   SCHREIBEN   verfolgen und zeichnen Sie diesen Buchstaben in die Zellen unten

下   一   丅   下

LERNEN

ÜBEN

VEREINFACHT	TRADITIONELL	KLINGT WIE	BEDEUTUNG
得	得	**dé/de/děi**	müssen

GRAMMATIK / VERWENDUNG / BEDEUTUNGEN

muss, bekommen, sollte, erhalten, benötigen, gewinnen, haben müssen

VEREINFACHT

得

TRADITIONELL

得

VEREINFACHT

得

SCHREIBEN

verfolgen und zeichnen Sie diesen Buchstaben in die Zellen unten

LERNEN

TRADITIONELL   SCHREIBEN   verfolgen und zeichnen Sie diesen Buchstaben in die Zellen unten

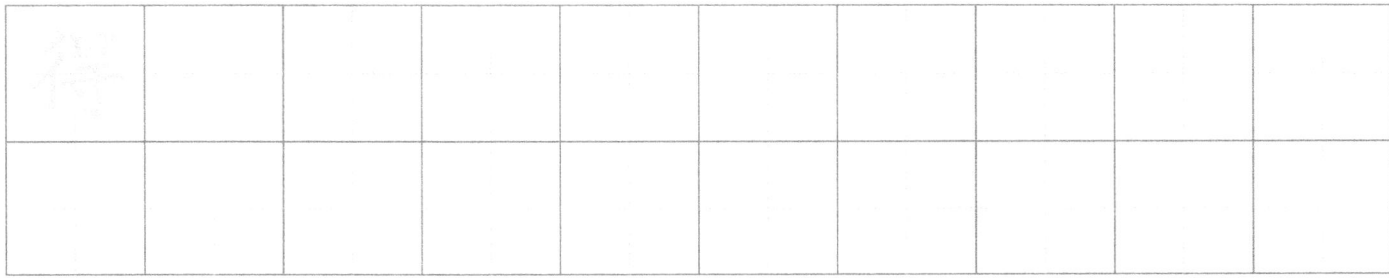

LERNEN

ÜBEN

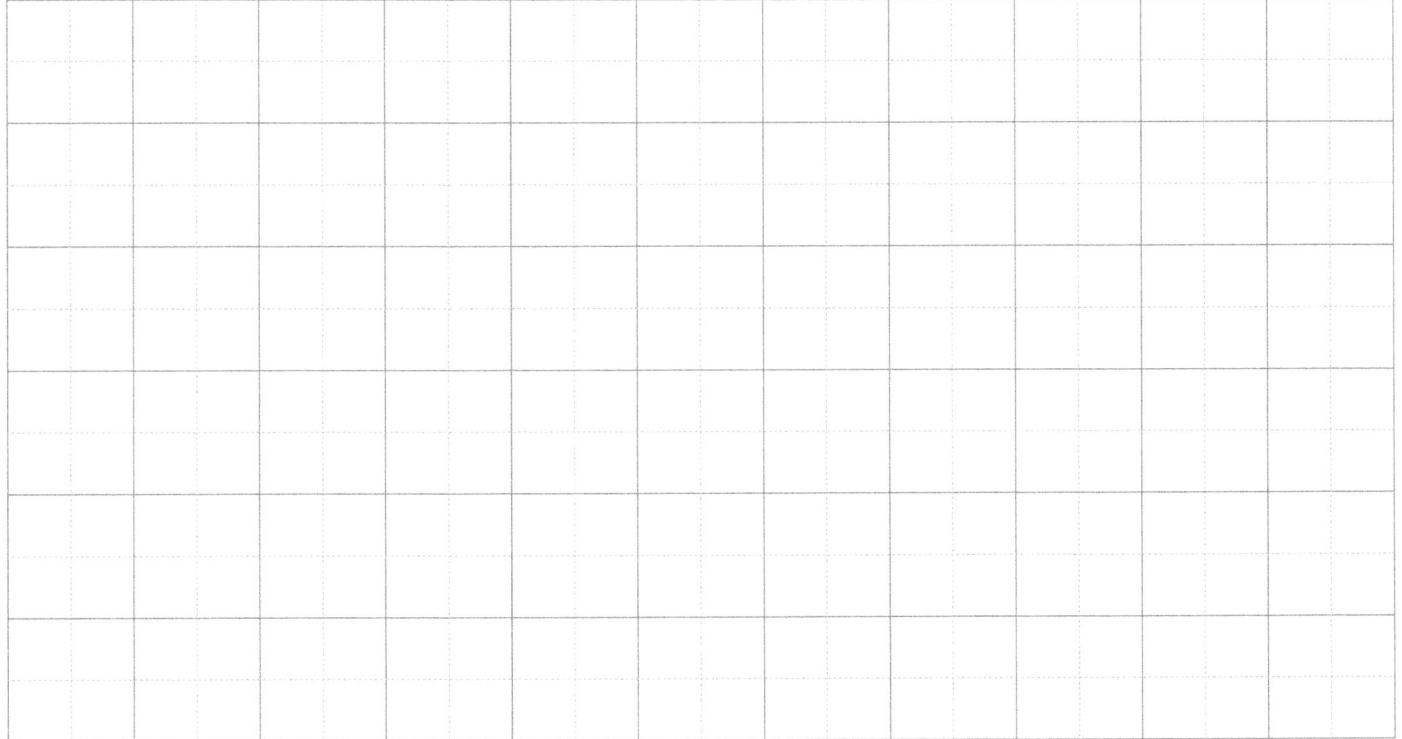

VEREINFACHT	TRADITIONELL	KLINGT WIE	BEDEUTUNG
可	可	**kě**	**Kann**

GRAMMATIK / VERWENDUNG / BEDEUTUNGEN

(Partikel zur Betonung), kann, darf, fähig, gewiss

VEREINFACHT

TRADITIONELL

VEREINFACHT   SCHREIBEN   verfolgen und zeichnen Sie diesen Buchstaben in die Zellen unten

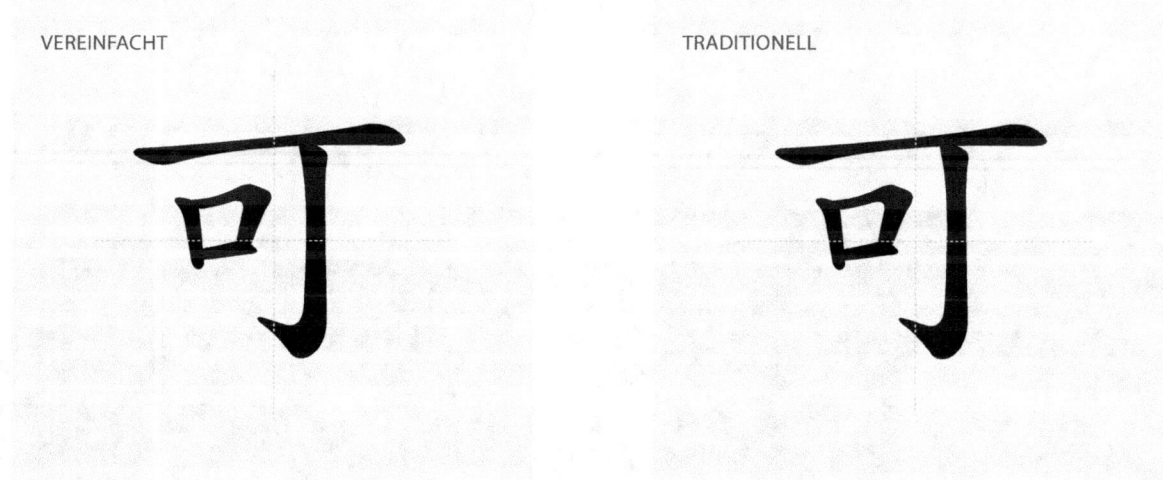

LERNEN

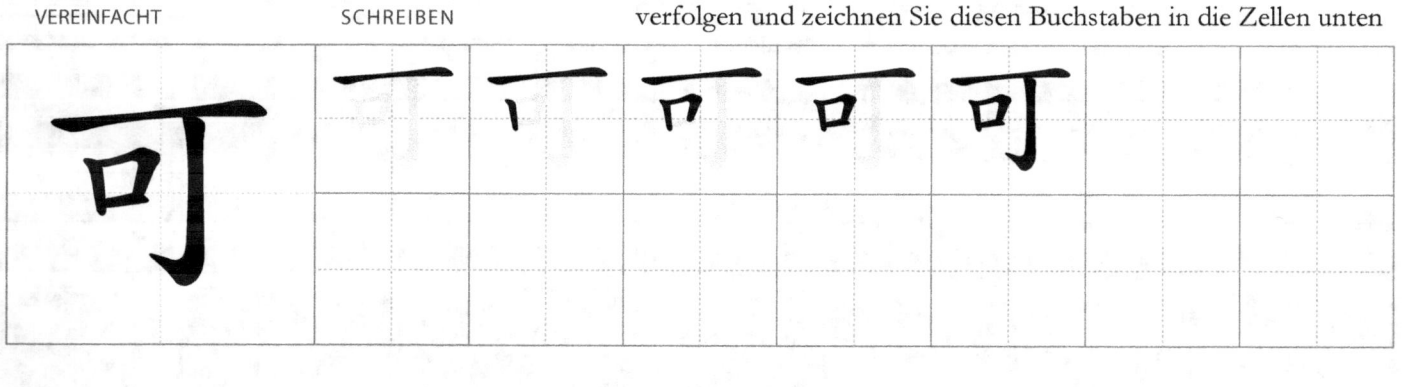

TRADITIONELL   SCHREIBEN   verfolgen und zeichnen Sie diesen Buchstaben in die Zellen unten

LERNEN

ÜBEN

VEREINFACHT	TRADITIONELL	KLINGT WIE	BEDEUTUNG
你	你	**nǐ**	**Du**

GRAMMATIK / VERWENDUNG / BEDEUTUNGEN

du, jemand

VEREINFACHT

TRADITIONELL

VEREINFACHT   SCHREIBEN   verfolgen und zeichnen Sie diesen Buchstaben in die Zellen unten

LERNEN

TRADITIONELL   SCHREIBEN   verfolgen und zeichnen Sie diesen Buchstaben in die Zellen unten

你   ノ イ イ 你 你 你 你

LERNEN

ÜBEN

VEREINFACHT	TRADITIONELL	KLINGT WIE	BEDEUTUNG
年	年	**nián**	Jahr

GRAMMATIK / VERWENDUNG / BEDEUTUNGEN

Jahr, Neujahr, Alter

VEREINFACHT

TRADITIONELL

VEREINFACHT SCHREIBEN verfolgen und zeichnen Sie diesen Buchstaben in die Zellen unten

LERNEN

TRADITIONELL   SCHREIBEN   verfolgen und zeichnen Sie diesen Buchstaben in die Zellen unten

年   ノ ト 匕 乍 乍 年

LERNEN

ÜBEN

VEREINFACHT	TRADITIONELL	KLINGT WIE	BEDEUTUNG
生	生	**shēng**	**Geboren**

GRAMMATIK / VERWENDUNG / BEDEUTUNGEN

wachsen, Schüler, geboren werden, Leben, gebären

VEREINFACHT

生

TRADITIONELL

生

VEREINFACHT　　　SCHREIBEN　　　verfolgen und zeichnen Sie diesen Buchstaben in die Zellen unten

生　　｜　 ノ　 ┕　 牛　 生

LERNEN

生 生

TRADITIONELL   SCHREIBEN   verfolgen und zeichnen Sie diesen Buchstaben in die Zellen unten

生   ノ   亻   乍   牛   生

LERNEN

ÜBEN

VEREINFACHT	TRADITIONELL	KLINGT WIE	BEDEUTUNG
自	自	zì	Seit

GRAMMATIK / VERWENDUNG / BEDEUTUNGEN

selbst, seit, von, selbst

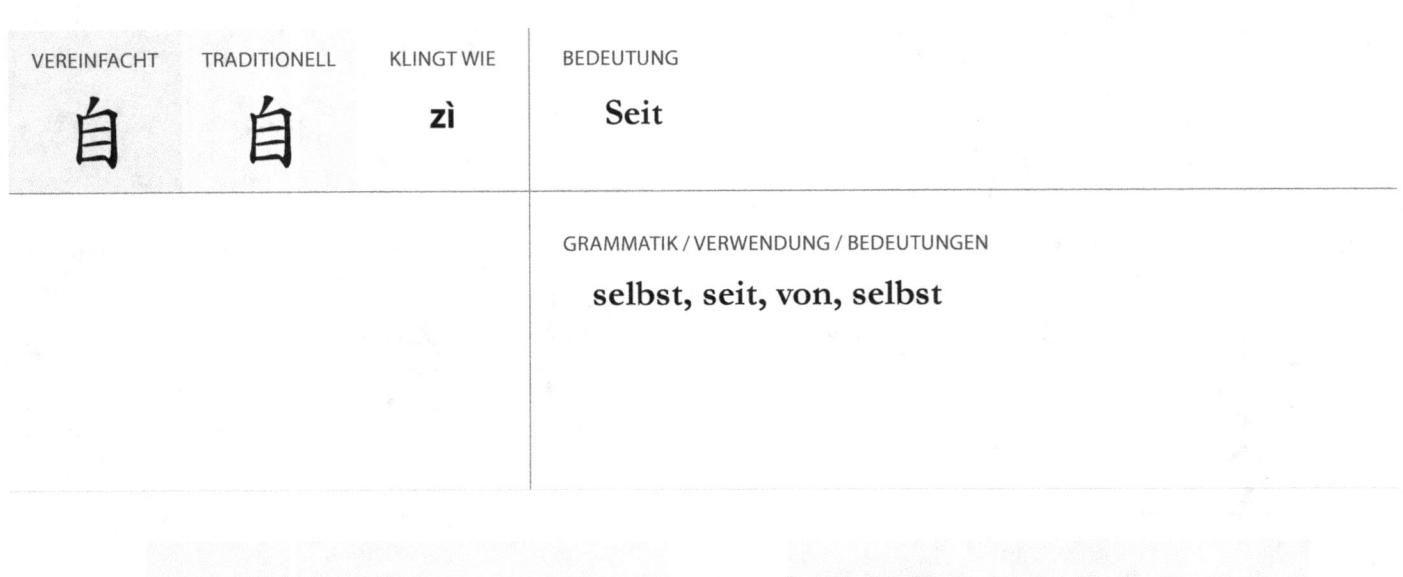

VEREINFACHT

TRADITIONELL

VEREINFACHT   SCHREIBEN   verfolgen und zeichnen Sie diesen Buchstaben in die Zellen unten

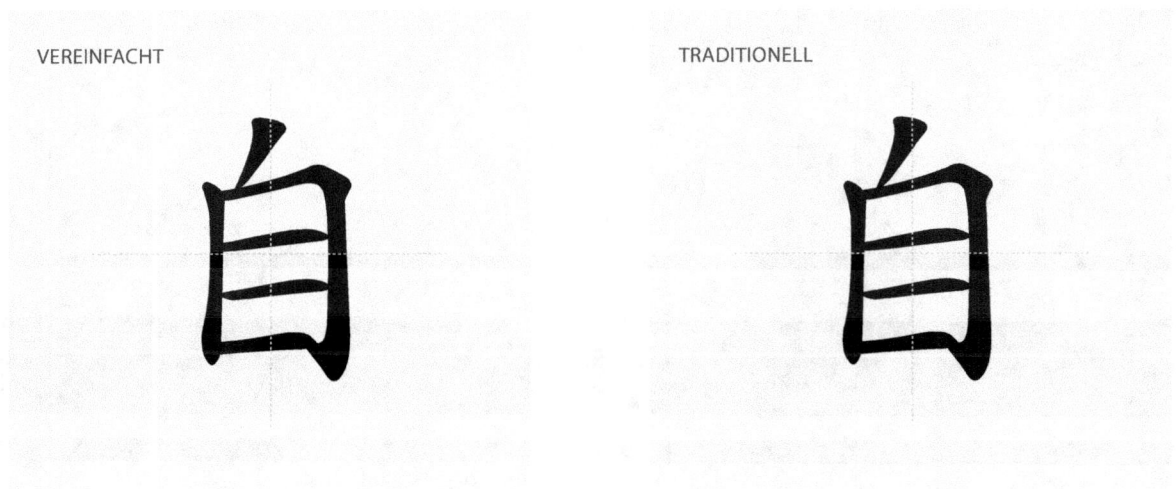

LERNEN

TRADITIONELL   SCHREIBEN   verfolgen und zeichnen Sie diesen Buchstaben in die Zellen unten

自   ＇ ｒ ｎ ｆ ｆ 自

LERNEN

ÜBEN

VEREINFACHT	TRADITIONELL	KLINGT WIE	BEDEUTUNG
会	會	**huì**	**Treffen**

GRAMMATIK / VERWENDUNG / BEDEUTUNGEN

Gesellschaft, Treffen, Vereinigung, Partei, können, treffen, fähig

VEREINFACHT

TRADITIONELL

VEREINFACHT SCHREIBEN verfolgen und zeichnen Sie diesen Buchstaben in die Zellen unten

LERNEN

TRADITIONELL   SCHREIBEN   verfolgen und zeichnen Sie diesen Buchstaben in die Zellen unten

會

丿 人 仝 仝 今 命 命

命 命 侖 會 會 會

LERNEN

ÜBEN

VEREINFACHT	TRADITIONELL	KLINGT WIE	BEDEUTUNG
那	那	**nà**	**Das**

GRAMMATIK / VERWENDUNG / BEDEUTUNGEN

das, jene

VEREINFACHT

那

TRADITIONELL

那

VEREINFACHT

那

SCHREIBEN

verfolgen und zeichnen Sie diesen Buchstaben in die Zellen unten

刀那	刁那	刳那	刕	那	那		

LERNEN

那	那							

TRADITIONELL   SCHREIBEN   verfolgen und zeichnen Sie diesen Buchstaben in die Zellen unten

那   フ ヲ ヲ 月 那 那

LERNEN

ÜBEN

GRAMMATIK / VERWENDUNG / BEDEUTUNGEN

zurück, später, hinten, nach, hinten, letzte, anschließend, Kaiserin

VEREINFACHT

后

TRADITIONELL

後

VEREINFACHT

后

SCHREIBEN

verfolgen und zeichnen Sie diesen Buchstaben in die Zellen unten

LERNEN

TRADITIONELL   SCHREIBEN   verfolgen und zeichnen Sie diesen Buchstaben in die Zellen unten

LERNEN

ÜBEN

VEREINFACHT	TRADITIONELL	KLINGT WIE	BEDEUTUNG
能	能	**néng**	**Kann**

GRAMMATIK / VERWENDUNG / BEDEUTUNGEN

kann, darf, Fähigkeit, Geschick, fähig, in der Lage, Energie

VEREINFACHT

能

TRADITIONELL

能

VEREINFACHT   SCHREIBEN   verfolgen und zeichnen Sie diesen Buchstaben in die Zellen unten

LERNEN

TRADITIONELL   SCHREIBEN   verfolgen und zeichnen Sie diesen Buchstaben in die Zellen unten

能

ㄥ　ㄥ　ㄏ　ㄅ　育　育　育

能　能　能

LERNEN

ÜBEN

VEREINFACHT	TRADITIONELL	KLINGT WIE	BEDEUTUNG
对	對	**duì**	**Recht**

GRAMMATIK / VERWENDUNG / BEDEUTUNGEN

richtig (Antwort), antworten, erwidern, richten (gegen etwas), recht, Paar, couple, gegenüber, für, zu, sich widersetzen, sich stellen

VEREINFACHT

对

TRADITIONELL

對

VEREINFACHT · SCHREIBEN · verfolgen und zeichnen Sie diesen Buchstaben in die Zellen unten

对

| フ | ヌ | ヌー | 对 | 对 | | |

LERNEN

TRADITIONELL   SCHREIBEN   verfolgen und zeichnen Sie diesen Buchstaben in die Zellen unten

對

LERNEN

ÜBEN

VEREINFACHT	TRADITIONELL	KLINGT WIE	BEDEUTUNG
着	著	zhe/zhuó/ zhāo/zháo	Schreiben

GRAMMATIK / VERWENDUNG / BEDEUTUNGEN

Verbpartikelmarkierung für einen fortlaufenden Fortschritt/Zustand

VEREINFACHT

著

TRADITIONELL

著

VEREINFACHT   SCHREIBEN   verfolgen und zeichnen Sie diesen Buchstaben in die Zellen unten

LERNEN

TRADITIONELL   SCHREIBEN   verfolgen und zeichnen Sie diesen Buchstaben in die Zellen unten

著

一　十　艹　芏　芊　芒　荖

茅　荖　荖　著

LERNEN

ÜBEN

VEREINFACHT	TRADITIONELL	KLINGT WIE	BEDEUTUNG
事	事	**shì**	**Ding**

GRAMMATIK / VERWENDUNG / BEDEUTUNGEN

Ding, Sache, Gegenstand, Unfall, Job, Verantwortung, Arbeit, Angelegenheit

VEREINFACHT

事

TRADITIONELL

事

VEREINFACHT   SCHREIBEN   verfolgen und zeichnen Sie diesen Buchstaben in die Zellen unten

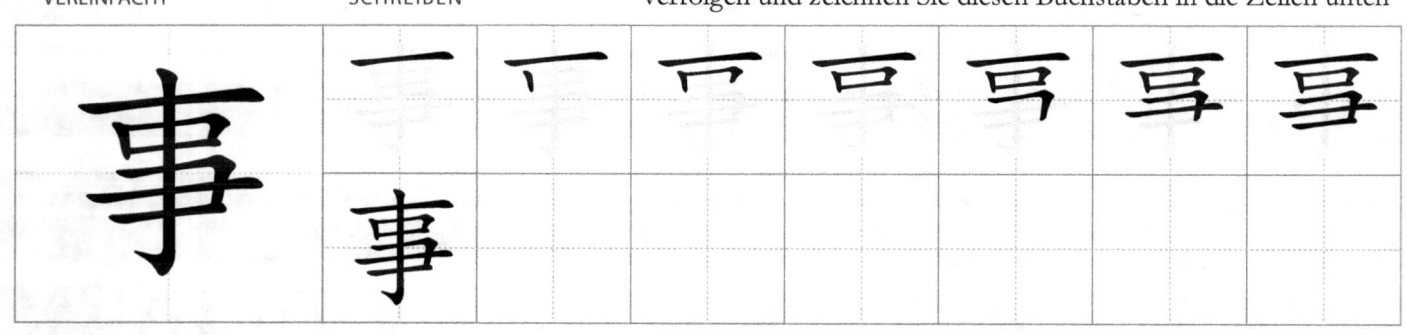

LERNEN

TRADITIONELL   SCHREIBEN   verfolgen und zeichnen Sie diesen Buchstaben in die Zellen unten

事

一　一　丆　亏　写　写　事

事

LERNEN

ÜBEN

VEREINFACHT	TRADITIONELL	KLINGT WIE	BEDEUTUNG
其	其	qí	Sein

GRAMMATIK / VERWENDUNG / BEDEUTUNGEN

sein, ihr, dessen, deren, das, solches, es (bezieht sich auf etwas, das zuvor erwähnt wurde)

VEREINFACHT

TRADITIONELL

VEREINFACHT

SCHREIBEN   verfolgen und zeichnen Sie diesen Buchstaben in die Zellen unten

其

一	十	艹	艹	甘	其	其
其						

LERNEN

其	其						

TRADITIONELL   SCHREIBEN   verfolgen und zeichnen Sie diesen Buchstaben in die Zellen unten

其

一　十　廿　卄　甘　其　其

其

LERNEN

ÜBEN

VEREINFACHT	TRADITIONELL		KLINGT WIE	BEDEUTUNG
里	裏 ODER 裡		lǐ	Innen

innerhalb, innen, Nachbarschaft, Heimatstadt, innerlich, eine chinesische Einheit von Länge (= 1/2 Kilometer)

VEREINFACHT

里

TRADITIONELL

裏 ODER 裡

VEREINFACHT

SCHREIBEN — verfolgen und zeichnen Sie diesen Buchstaben in die Zellen unten

里

丶	丨 口	口 曰	日	甲	甲	里

LERNEN

里	里							

TRADITIONELL   SCHREIBEN   verfolgen und zeichnen Sie diesen Buchstaben in die Zellen unten

裏

、	亠	广	古	古	宣	审
审	車	裏	裏	裏	裏	

裡

、	亍	礻	礻	礻	礻	初
初	神	神	裡	裡		

LERNEN

ÜBEN

VEREINFACHT	TRADITIONELL	KLINGT WIE	BEDEUTUNG
所	所	**suǒ**	Ort

GRAMMATIK / VERWENDUNG / BEDEUTUNGEN

tatsächlich, Ort

VEREINFACHT

所

TRADITIONELL

所

VEREINFACHT

SCHREIBEN verfolgen und zeichnen Sie diesen Buchstaben in die Zellen unten

所

LERNEN

TRADITIONELL   SCHREIBEN   verfolgen und zeichnen Sie diesen Buchstaben in die Zellen unten

所

LERNEN

ÜBEN

VEREINFACHT	TRADITIONELL	KLINGT WIE	BEDEUTUNG
去	去	qù	**Gehen**

GRAMMATIK / VERWENDUNG / BEDEUTUNGEN

verlassen, gehen, senden, abseits sein von, abfahren, entfernen

VEREINFACHT

去

TRADITIONELL

去

VEREINFACHT   SCHREIBEN   verfolgen und zeichnen Sie diesen Buchstaben in die Zellen unten

去

一　十　土　去　去

LERNEN

TRADITIONELL   SCHREIBEN   verfolgen und zeichnen Sie diesen Buchstaben in die Zellen unten

去   一   十   土   去   去

LERNEN

ÜBEN

| 行 | 行 | **háng/xíng** | Linie |

GRAMMATIK / VERWENDUNG / BEDEUTUNGEN

eine Reihe, Beruf, gehen, professionell / in Ordnung, wird gemacht / Verhalten, Umgang, fähig, kompetent, okay, zu tun, zu reisen, vorübergehend, zu gehen

VEREINFACHT

行

TRADITIONELL

行

VEREINFACHT   SCHREIBEN   verfolgen und zeichnen Sie diesen Buchstaben in die Zellen unten

行

′	⸴	彳	行	行	行

LERNEN

行	行	行						

TRADITIONELL   SCHREIBEN   verfolgen und zeichnen Sie diesen Buchstaben in die Zellen unten

行   ′ ㇆ ㇁ 彳 行 行

LERNEN

ÜBEN

VEREINFACHT	TRADITIONELL	KLINGT WIE	BEDEUTUNG
过	過	**guò**	Über

GRAMMATIK / VERWENDUNG / BEDEUTUNGEN

(Vergangenheitsmarker), unangemessen, überschreiten, übermäßig, (Nachname), überqueren, hinübergehen, durch, über, Zeit verbringen, leben, auskommen, nach, vergangen

VEREINFACHT

TRADITIONELL

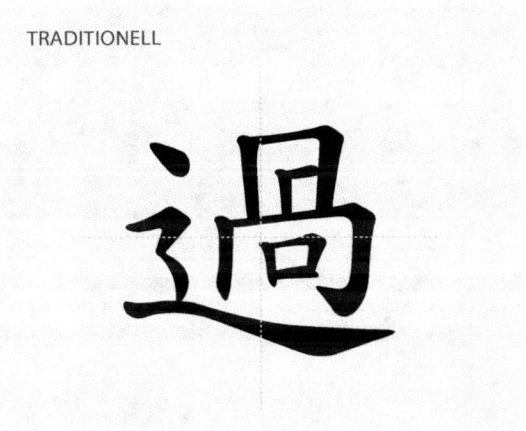

VEREINFACHT   SCHREIBEN   verfolgen und zeichnen Sie diesen Buchstaben in die Zellen unten

LERNEN

TRADITIONELL SCHREIBEN verfolgen und zeichnen Sie diesen Buchstaben in die Zellen unten

過

| 丨 | 冂 | 冂 | 冎 | 冎 | 咼 | 咼 |
| 咼 | 咼 | 過 | 過 | 過 | | |

LERNEN

ÜBEN

VEREINFACHT	TRADITIONELL	KLINGT WIE	BEDEUTUNG
家	家	**jiā**	**Zuhause**

GRAMMATIK / VERWENDUNG / BEDEUTUNGEN

Zuhause, Familie, eine Denkschule, eine Person, die sich mit einer bestimmten Kunst oder Profession beschäftigt

VEREINFACHT

TRADITIONELL

VEREINFACHT　　SCHREIBEN　　verfolgen und zeichnen Sie diesen Buchstaben in die Zellen unten

LERNEN

TRADITIONELL   SCHREIBEN   verfolgen und zeichnen Sie diesen Buchstaben in die Zellen unten

家

丶 八 宀 宁 宁 宁 宏

家 家 家

LERNEN

ÜBEN

VEREINFACHT	TRADITIONELL	KLINGT WIE	BEDEUTUNG
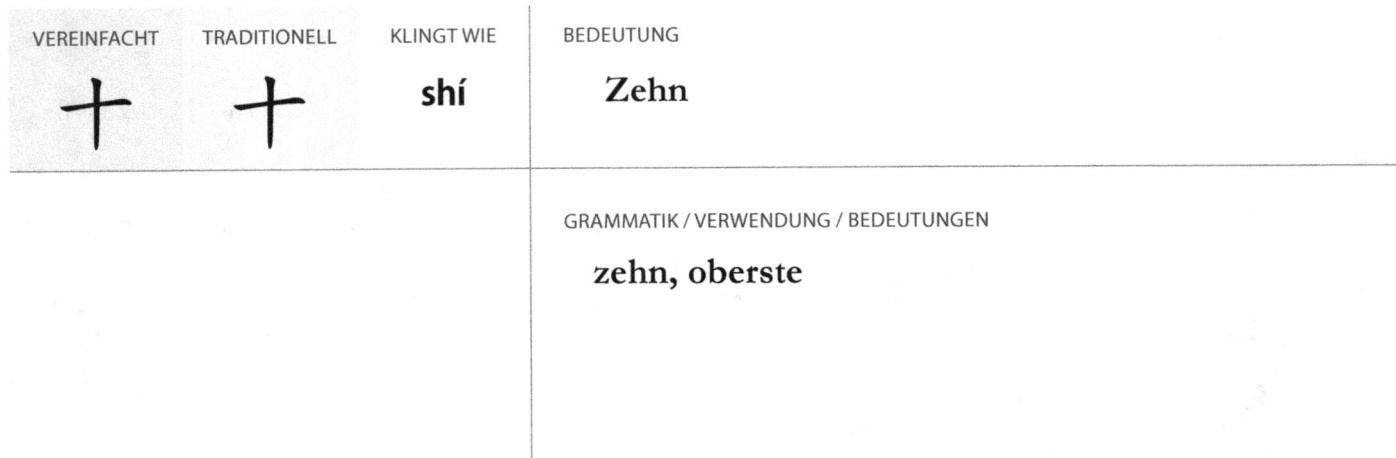		**shí**	**Zehn**

GRAMMATIK / VERWENDUNG / BEDEUTUNGEN

zehn, oberste

VEREINFACHT

TRADITIONELL

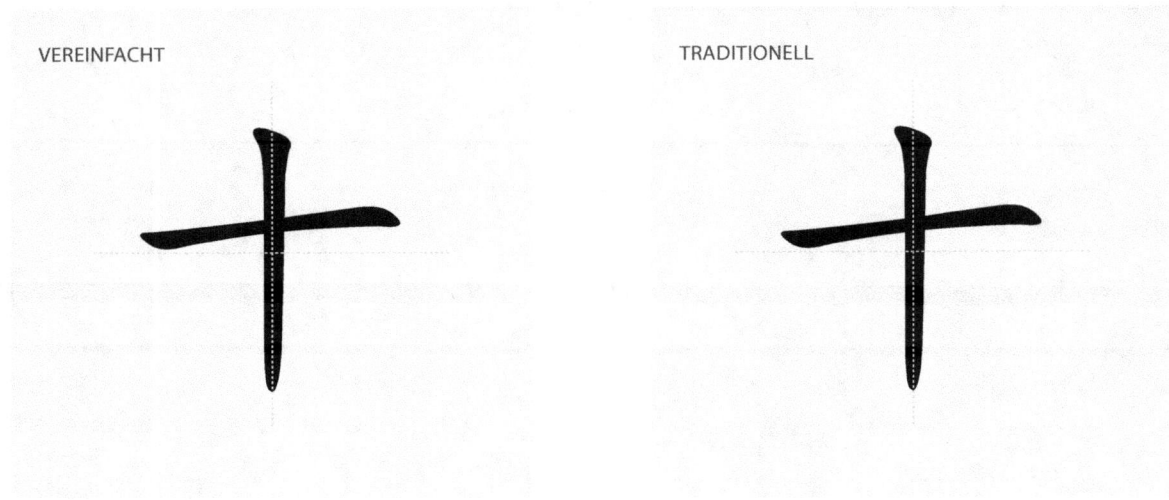

VEREINFACHT   SCHREIBEN   verfolgen und zeichnen Sie diesen Buchstaben in die Zellen unten

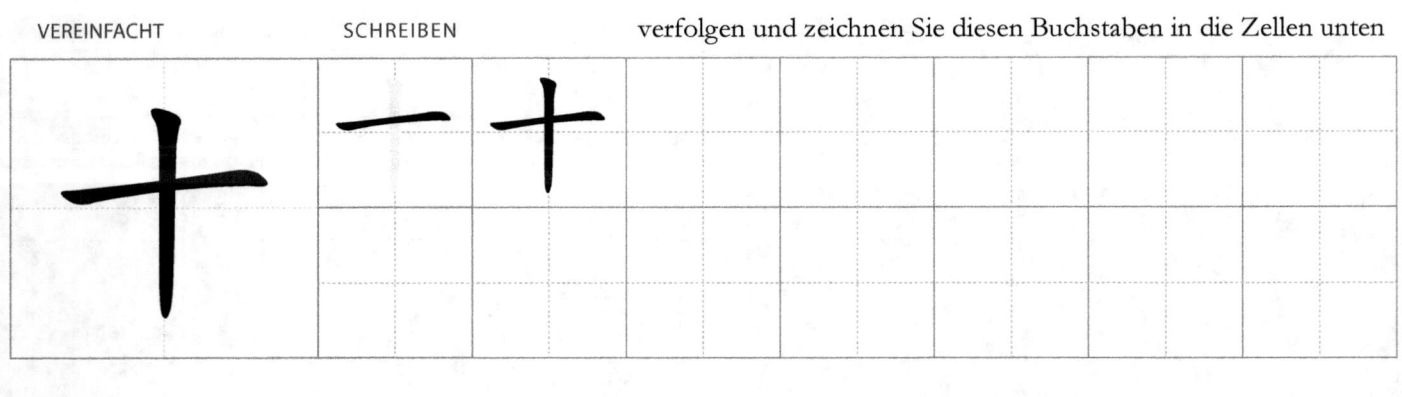

LERNEN

TRADITIONELL   SCHREIBEN   verfolgen und zeichnen Sie diesen Buchstaben in die Zellen unten

LERNEN

ÜBEN

VEREINFACHT	TRADITIONELL	KLINGT WIE	BEDEUTUNG
用	用	**yòng**	**Benutzen**

GRAMMATIK / VERWENDUNG / BEDEUTUNGEN

benutzen, brauchen, essen, trinken

VEREINFACHT

用

TRADITIONELL

用

VEREINFACHT　　　SCHREIBEN　　　verfolgen und zeichnen Sie diesen Buchstaben in die Zellen unten

用　　丿　几　凡　月　用

LERNEN

用　用　用

TRADITIONELL   SCHREIBEN   verfolgen und zeichnen Sie diesen Buchstaben in die Zellen unten

用 ノ 刀 月 月 用

LERNEN

ÜBEN

VEREINFACHT	TRADITIONELL	KLINGT WIE	BEDEUTUNG
发	發 ODER 髮	**fā / fà**	SIM=Haare, TRAD 發= aus senden ; 髮=Haare

GRAMMATIK / VERWENDUNG / BEDEUTUNGEN

hinaus senden, zeigen (ein Gefühl), blühen, sich ausbreiten, aussetzen, um Problem,, werden, entwickeln / Haar, starten, produzieren, ausdrücken

VEREINFACHT

TRADITIONELL

ODER

VEREINFACHT SCHREIBEN verfolgen und zeichnen Sie diesen Buchstaben in die Zellen unten

LERNEN

TRADITIONELL   **SCHREIBEN**   verfolgen und zeichnen Sie diesen Buchstaben in die Zellen unten

發

ㄱ ㄱ ㄱˊ ㄚˊ 癶 癶 癶
癸 癸 發 發 發

髮

一 厂 厂 Ｆ 乤 長 長 長
髟 髟 髟 髣 髣 髮 髮

LERNEN

ÜBEN

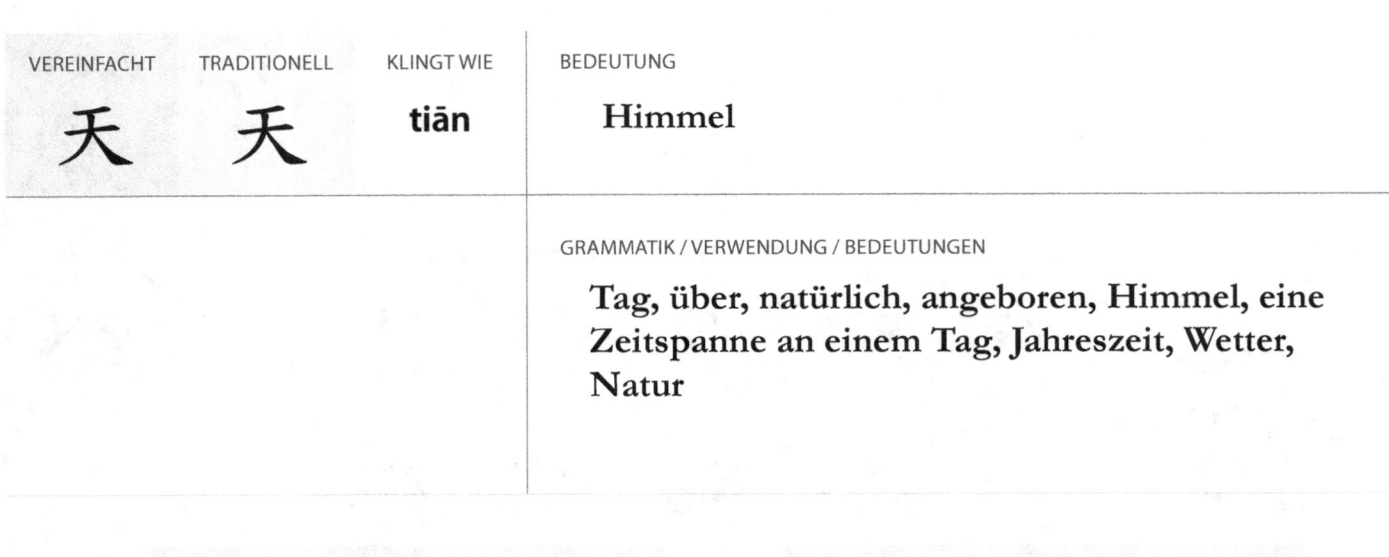

VEREINFACHT	TRADITIONELL	KLINGT WIE	BEDEUTUNG
天	天	**tiān**	Himmel

GRAMMATIK / VERWENDUNG / BEDEUTUNGEN

Tag, über, natürlich, angeboren, Himmel, eine Zeitspanne an einem Tag, Jahreszeit, Wetter, Natur

VEREINFACHT

TRADITIONELL

VEREINFACHT   SCHREIBEN   verfolgen und zeichnen Sie diesen Buchstaben in die Zellen unten

LERNEN

TRADITIONELL   SCHREIBEN   verfolgen und zeichnen Sie diesen Buchstaben in die Zellen unten

天   一　二　チ　天

LERNEN

ÜBEN

VEREINFACHT	TRADITIONELL	KLINGT WIE	BEDEUTUNG
如	如	rú	Als

GRAMMATIK / VERWENDUNG / BEDEUTUNGEN

als (ob), gehen, wenn, wie, so gut wie, gemäß

VEREINFACHT

TRADITIONELL

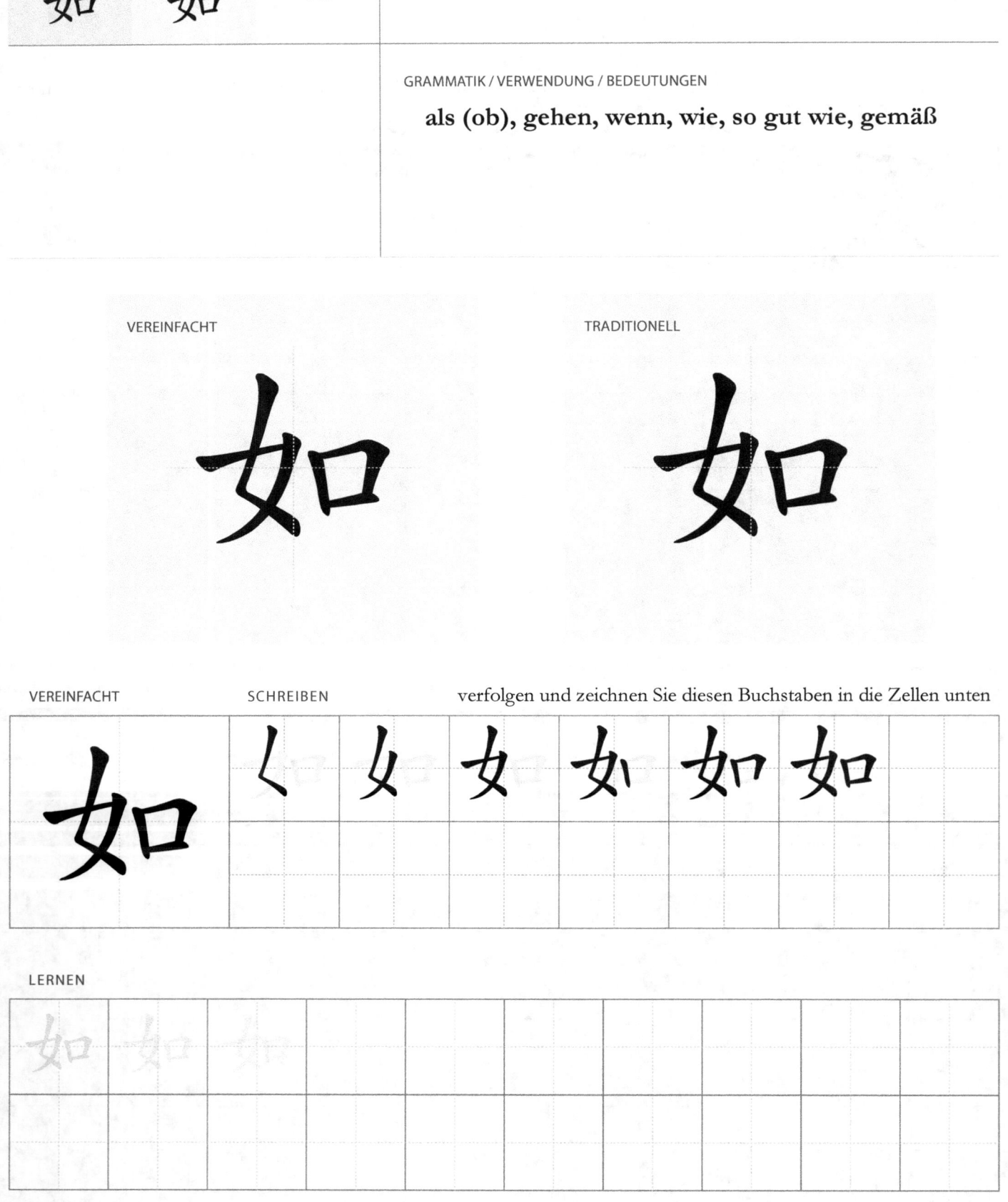

VEREINFACHT

SCHREIBEN

verfolgen und zeichnen Sie diesen Buchstaben in die Zellen unten

LERNEN

TRADITIONELL   SCHREIBEN   verfolgen und zeichnen Sie diesen Buchstaben in die Zellen unten

如   く く 夕 女 如 如

LERNEN

ÜBEN

VEREINFACHT	TRADITIONELL	KLINGT WIE	BEDEUTUNG
然	然	**rán**	**Doch**

GRAMMATIK / VERWENDUNG / BEDEUTUNGEN

korrekt, richtig, aber, jedoch, somit, so, so wie, /ly

VEREINFACHT	SCHREIBEN	verfolgen und zeichnen Sie diesen Buchstaben in die Zellen unten

LERNEN

TRADITIONELL	SCHREIBEN	verfolgen und zeichnen Sie diesen Buchstaben in die Zellen unten

然

ノ　ク　タ　タ　タ　ケ　然

然　然　然　然　然

LERNEN

ÜBEN

VEREINFACHT	TRADITIONELL	KLINGT WIE	BEDEUTUNG
作	作	**zuò**	Tun

betrachten als, handeln als, Schriften, jemanden) für halten, machen, aufstehen, schreiben / komponieren, so tun als ob, tun

VEREINFACHT

TRADITIONELL

VEREINFACHT SCHREIBEN verfolgen und zeichnen Sie diesen Buchstaben in die Zellen unten

LERNEN

TRADITIONELL   SCHREIBEN   verfolgen und zeichnen Sie diesen Buchstaben in die Zellen unten

作   ノ   イ   イ   仁   竹   作   作

LERNEN

ÜBEN

GRAMMATIK / VERWENDUNG / BEDEUTUNGEN

Quadrat, Potenz, Viereck, Vorschrift, Nachname, Richtung, gerade, Seite, Ort, Methode

VEREINFACHT

方

TRADITIONELL

方

VEREINFACHT   SCHREIBEN   verfolgen und zeichnen Sie diesen Buchstaben in die Zellen unten

方   丶 一 亣 方

LERNEN

TRADITIONELL   SCHREIBEN   verfolgen und zeichnen Sie diesen Buchstaben in die Zellen unten

方   丶 一 亡 方

LERNEN

ÜBEN

VEREINFACHT	TRADITIONELL	KLINGT WIE	BEDEUTUNG
成	成	**chéng**	Werden

GRAMMATIK / VERWENDUNG / BEDEUTUNGEN

beenden, vervollständigen, verwandeln in, erfolgreich sein, gewinnen, erreichen, werden

VEREINFACHT

成

TRADITIONELL

成

VEREINFACHT

成

SCHREIBEN

verfolgen und zeichnen Sie diesen Buchstaben in die Zellen unten

一　厂　厂　成　成　成

LERNEN

成　成　成

TRADITIONELL   SCHREIBEN   verfolgen und zeichnen Sie diesen Buchstaben in die Zellen unten

成   一　厂　万　成　成　成

LERNEN

ÜBEN

VEREINFACHT	TRADITIONELL	KLINGT WIE	BEDEUTUNG
者	者	**zhě**	**Der**

GRAMMATIK / VERWENDUNG / BEDEUTUNGEN

Person(die etwas tut),/ist,/er(Person)

VEREINFACHT

者

TRADITIONELL

者

VEREINFACHT   SCHREIBEN   verfolgen und zeichnen Sie diesen Buchstaben in die Zellen unten

者	一 十	土	耂	者	者	者
	者					

LERNEN

TRADITIONELL   SCHREIBEN   verfolgen und zeichnen Sie diesen Buchstaben in die Zellen unten

者

一　十　土　耂　者　者　者

者

LERNEN

ÜBEN

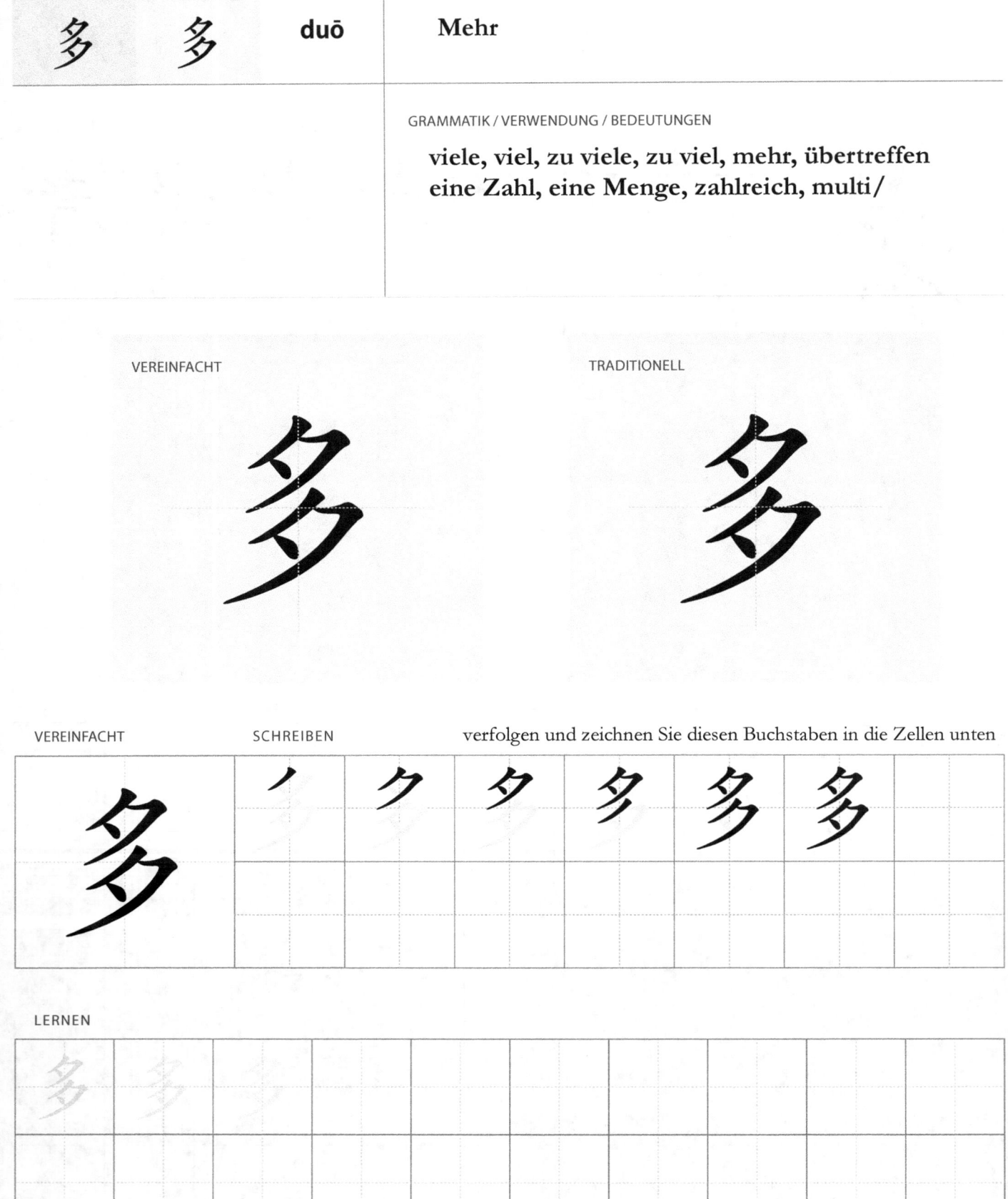

VEREINFACHT	TRADITIONELL	KLINGT WIE	BEDEUTUNG
多	多	**duō**	**Mehr**

GRAMMATIK / VERWENDUNG / BEDEUTUNGEN

viele, viel, zu viele, zu viel, mehr, übertreffen
eine Zahl, eine Menge, zahlreich, multi/

VEREINFACHT

TRADITIONELL

VEREINFACHT   SCHREIBEN   verfolgen und zeichnen Sie diesen Buchstaben in die Zellen unten

LERNEN

TRADITIONELL   SCHREIBEN   verfolgen und zeichnen Sie diesen Buchstaben in die Zellen unten

多

丿　ク　夕　夕　多　多

LERNEN

ÜBEN

VEREINFACHT	TRADITIONELL	KLINGT WIE	BEDEUTUNG
日	日	rì	**Tag**

GRAMMATIK / VERWENDUNG / BEDEUTUNGEN

Tag, Sonne, Tag des Monats, Datum

VEREINFACHT

TRADITIONELL

VEREINFACHT   SCHREIBEN   verfolgen und zeichnen Sie diesen Buchstaben in die Zellen unten

丨 冂 刀 日

LERNEN

TRADITIONELL   SCHREIBEN   verfolgen und zeichnen Sie diesen Buchstaben in die Zellen unten

日   丨 冂 冃 日

LERNEN

ÜBEN

VEREINFACHT	TRADITIONELL	KLINGT WIE	BEDEUTUNG
都	都	**dōu**	**Beide**

GRAMMATIK / VERWENDUNG / BEDEUTUNGEN

alle, beide (wenn zwei **Dinge** beteiligt sind), bereits, nur wegen, sogar, vollständig (aufgrund von) jeweils

VEREINFACHT

都

TRADITIONELL

都

VEREINFACHT

都

SCHREIBEN

verfolgen und zeichnen Sie diesen Buchstaben in die Zellen unten

LERNEN

都

TRADITIONELL   SCHREIBEN   verfolgen und zeichnen Sie diesen Buchstaben in die Zellen unten

都

一 十 土 耂 耂 者 者
者 都

LERNEN

ÜBEN

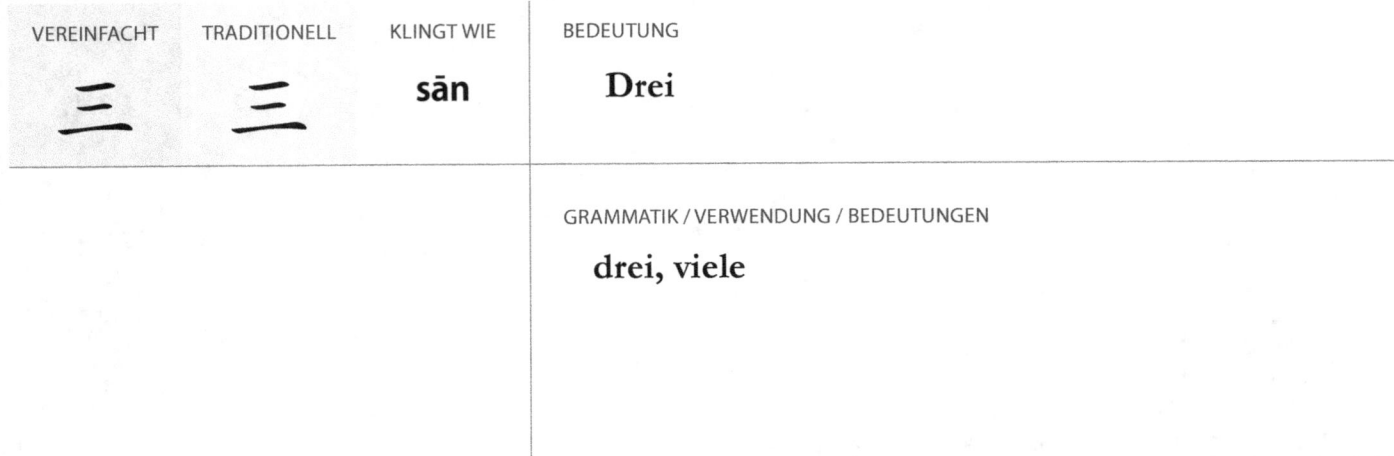

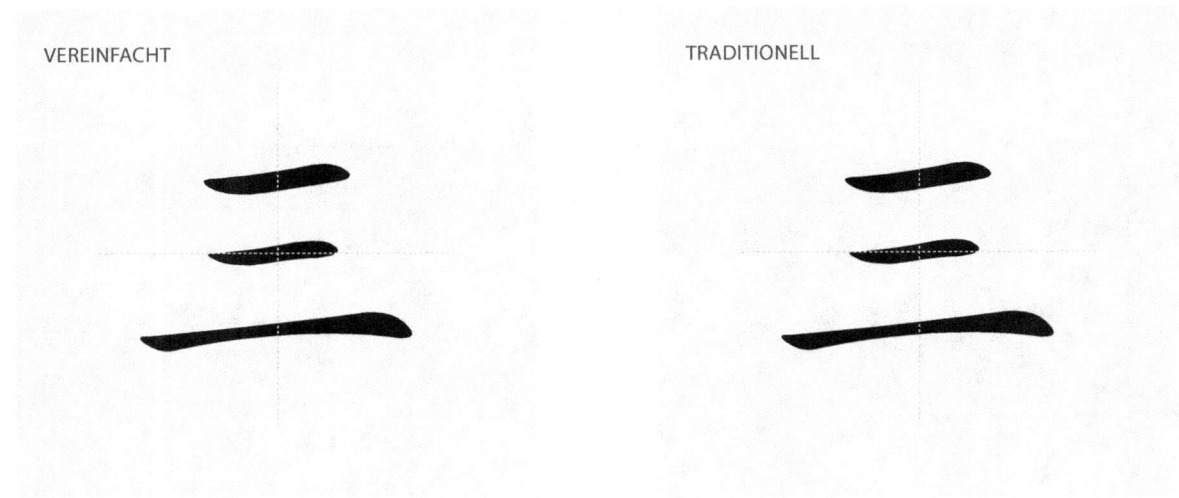

VEREINFACHT	TRADITIONELL	KLINGT WIE	BEDEUTUNG
三	三	**sān**	**Drei**

GRAMMATIK / VERWENDUNG / BEDEUTUNGEN

drei, viele

VEREINFACHT

三

TRADITIONELL

三

VEREINFACHT

三

SCHREIBEN

verfolgen und zeichnen Sie diesen Buchstaben in die Zellen unten

一 二 三

LERNEN

TRADITIONELL   SCHREIBEN   verfolgen und zeichnen Sie diesen Buchstaben in die Zellen unten

LERNEN

ÜBEN

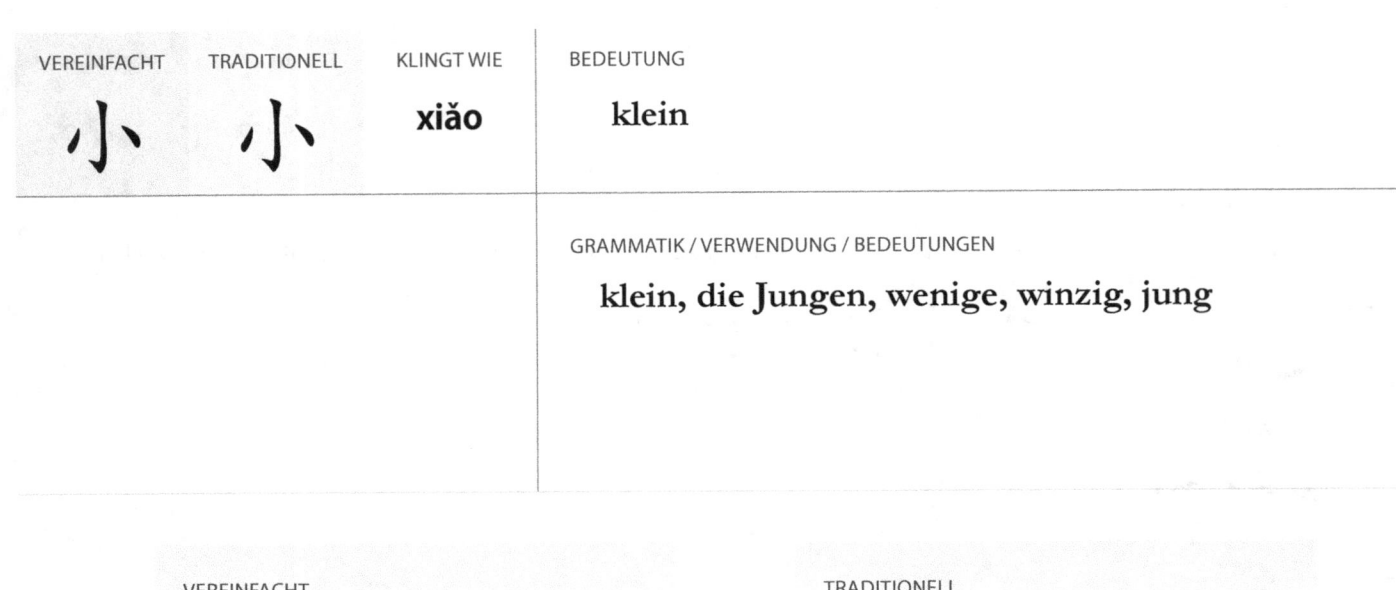

xiǎo

klein

GRAMMATIK / VERWENDUNG / BEDEUTUNGEN

klein, die Jungen, wenige, winzig, jung

VEREINFACHT

TRADITIONELL

VEREINFACHT SCHREIBEN verfolgen und zeichnen Sie diesen Buchstaben in die Zellen unten

LERNEN

TRADITIONELL   SCHREIBEN   verfolgen und zeichnen Sie diesen Buchstaben in die Zellen unten

小   丿 小 小

LERNEN

ÜBEN

VEREINFACHT	TRADITIONELL	KLINGT WIE	BEDEUTUNG
军	軍	**jūn**	**Militär**

Armee, Waffen, Militär

VEREINFACHT

TRADITIONELL

VEREINFACHT SCHREIBEN verfolgen und zeichnen Sie diesen Buchstaben in die Zellen unten

LERNEN

TRADITIONELL   SCHREIBEN   verfolgen und zeichnen Sie diesen Buchstaben in die Zellen unten

軍

`	ﾝ	ﾜ	ﾛ	尸	冐	冒
軍	軍					

LERNEN

ÜBEN

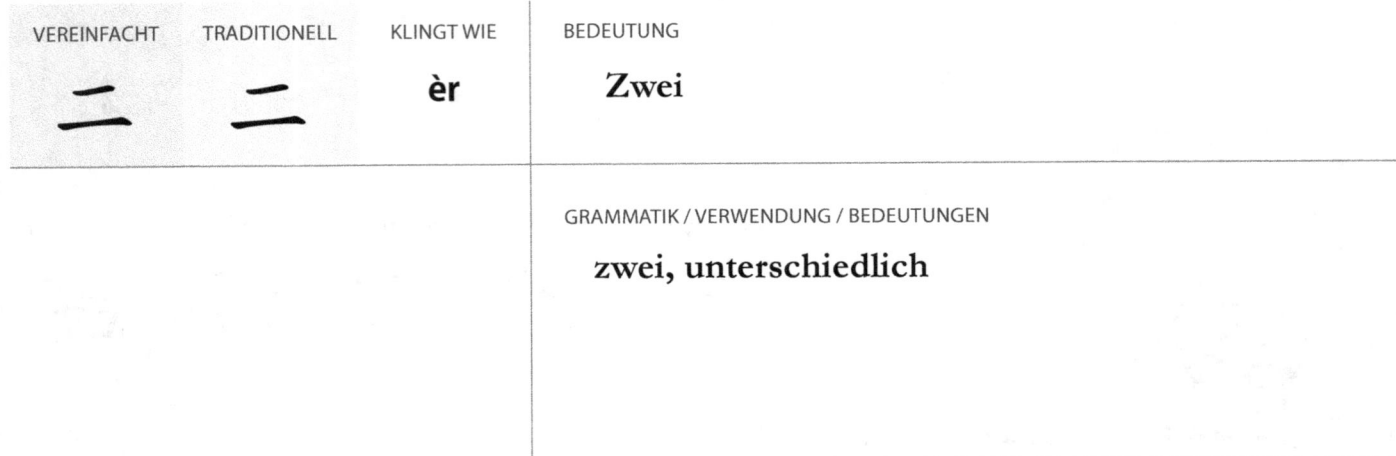

VEREINFACHT	TRADITIONELL	KLINGT WIE	BEDEUTUNG
		èr	**Zwei**

GRAMMATIK / VERWENDUNG / BEDEUTUNGEN

zwei, unterschiedlich

VEREINFACHT

TRADITIONELL

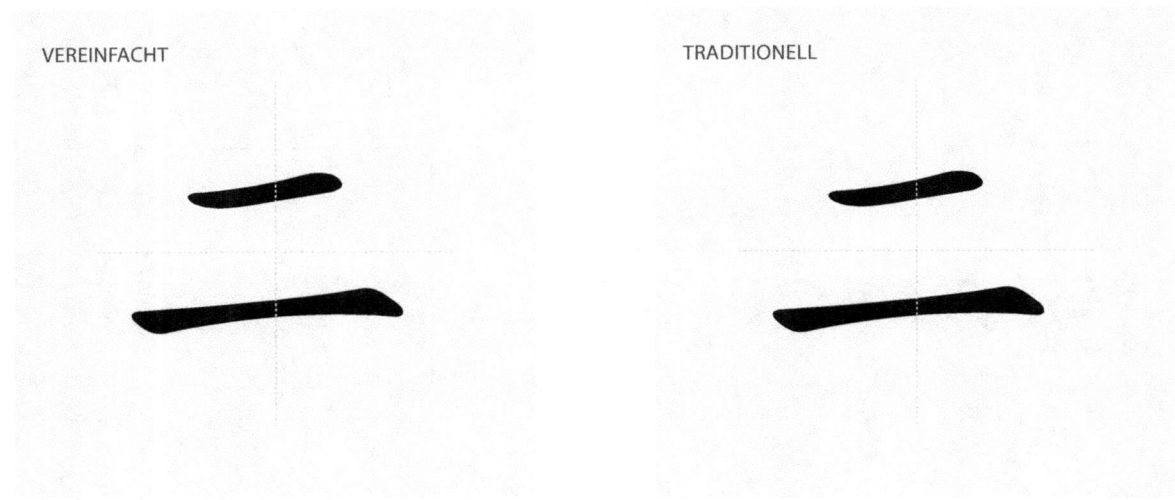

VEREINFACHT   SCHREIBEN   verfolgen und zeichnen Sie diesen Buchstaben in die Zellen unten

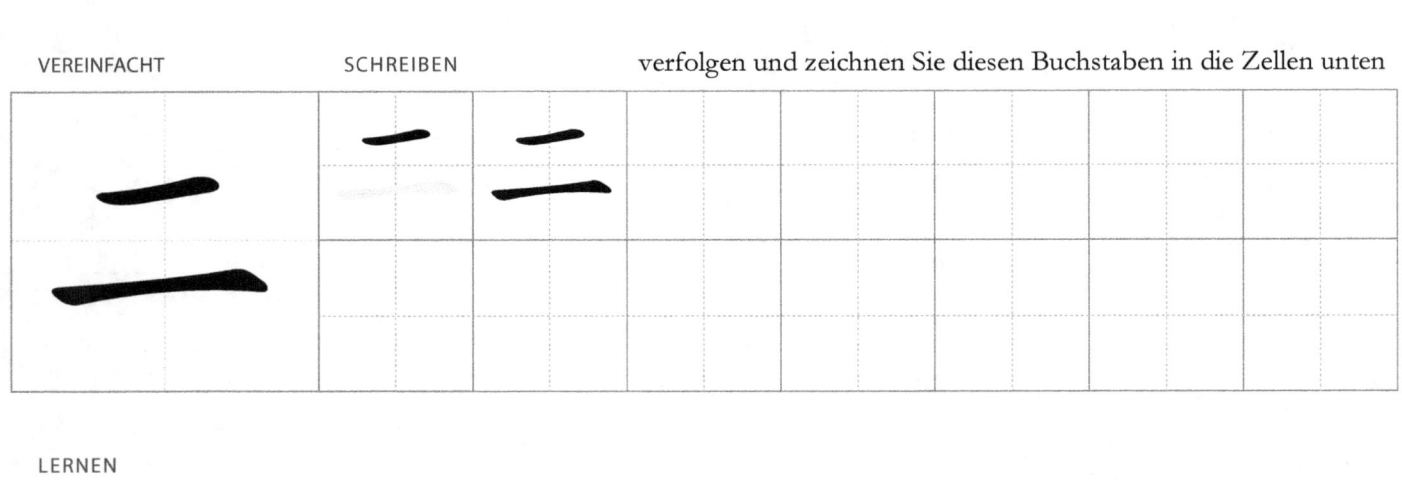

LERNEN

TRADITIONELL   SCHREIBEN   verfolgen und zeichnen Sie diesen Buchstaben in die Zellen unten

LERNEN

ÜBEN

GRAMMATIK / VERWENDUNG / BEDEUTUNGEN

nicht haben, /weniger, unabhängig von, nein, keine, fehlen, nicht, un/

VEREINFACHT

无

TRADITIONELL

無

VEREINFACHT   SCHREIBEN   verfolgen und zeichnen Sie diesen Buchstaben in die Zellen unten

无

一 二 于 无

LERNEN

TRADITIONELL   SCHREIBEN   verfolgen und zeichnen Sie diesen Buchstaben in die Zellen unten

無

LERNEN

ÜBEN

VEREINFACHT	TRADITIONELL	KLINGT WIE	BEDEUTUNG
同	同	**tóng**	**Gleich**

GRAMMATIK / VERWENDUNG / BEDEUTUNGEN

gleich, wie, ähnlich, mit, als, zusammen, gleichartig

VEREINFACHT

TRADITIONELL

VEREINFACHT   SCHREIBEN   verfolgen und zeichnen Sie diesen Buchstaben in die Zellen unten

LERNEN

TRADITIONELL   SCHREIBEN   verfolgen und zeichnen Sie diesen Buchstaben in die Zellen unten

同   丨 冂 冃 同 同 同

LERNEN

ÜBEN

VEREINFACHT	TRADITIONELL	KLINGT WIE	BEDEUTUNG
么	麼	ich	Was?

GRAMMATIK / VERWENDUNG / BEDEUTUNGEN

(Fragesuff.)

VEREINFACHT

么

TRADITIONELL

麼

VEREINFACHT   SCHREIBEN   verfolgen und zeichnen Sie diesen Buchstaben in die Zellen unten

LERNEN

TRADITIONELL   SCHREIBEN   verfolgen und zeichnen Sie diesen Buchstaben in die Zellen unten

麼

、　亠　广　广　庁　庀　庐
庐　庻　庻　麻　麼　麼　麼

LERNEN

ÜBEN

GRAMMATIK / VERWENDUNG / BEDEUTUNGEN

Längengrad, Schrift, heiliges Buch, Menstruation, vorbeigehen, verwalten, durchleben, ertragen, als Ergebnis von, regelmäßig, Klassiker

VEREINFACHT

经

TRADITIONELL

經

VEREINFACHT · SCHREIBEN · verfolgen und zeichnen Sie diesen Buchstaben in die Zellen unten

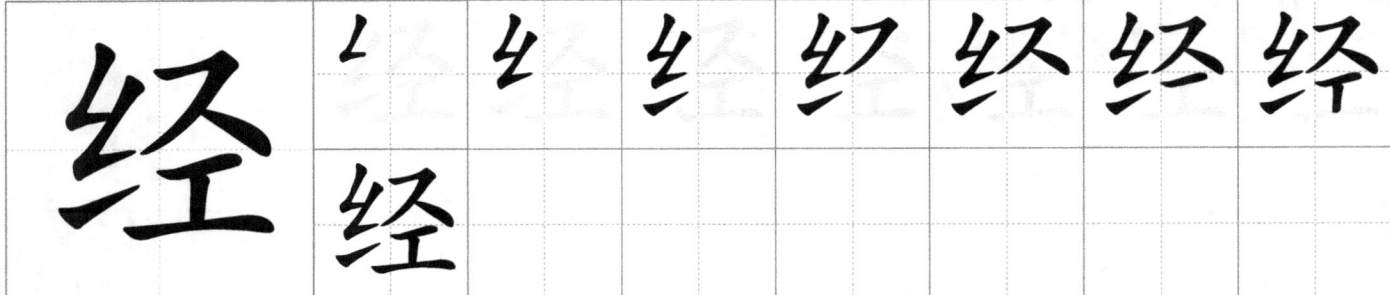

LERNEN

TRADITIONELL   SCHREIBEN   verfolgen und zeichnen Sie diesen Buchstaben in die Zellen unten

經

LERNEN

ÜBEN

VEREINFACHT	TRADITIONELL	KLINGT WIE	BEDEUTUNG
法	法	**fǎ**	**Gesetz**

GRAMMATIK / VERWENDUNG / BEDEUTUNGEN

Gesetz, folgen, Methode, Weg, Standard, buddhistische Lehre

VEREINFACHT

法

TRADITIONELL

法

VEREINFACHT　　　SCHREIBEN　　　verfolgen und zeichnen Sie diesen Buchstaben in die Zellen unten

法

LERNEN

TRADITIONELL   SCHREIBEN   verfolgen und zeichnen Sie diesen Buchstaben in die Zellen unten

法   丶 丶 氵 氵 汁 法 法
      法

LERNEN

ÜBEN

VEREINFACHT	TRADITIONELL	KLINGT WIE	BEDEUTUNG
当	當	dāng / dàng	Wenn

GRAMMATIK / VERWENDUNG / BEDEUTUNGEN

sein, handeln als, ersetzen, verwalten, vertreten, wenn, standhalten, während, sollte, müsste, gleichwertig sein, gleich, angemessen, gleichwertig, passend, richtig, behindern, nur zu (einer Zeit oder einem Ort), sofort, verpfänden, geeignet, recht, genau zu diesem Zeitpunkt/Ort oder im selben…

VEREINFACHT

TRADITIONELL

VEREINFACHT   SCHREIBEN   verfolgen und zeichnen Sie diesen Buchstaben in die Zellen unten

LERNEN

TRADITIONELL　　　SCHREIBEN　　　verfolgen und zeichnen Sie diesen Buchstaben in die Zellen unten

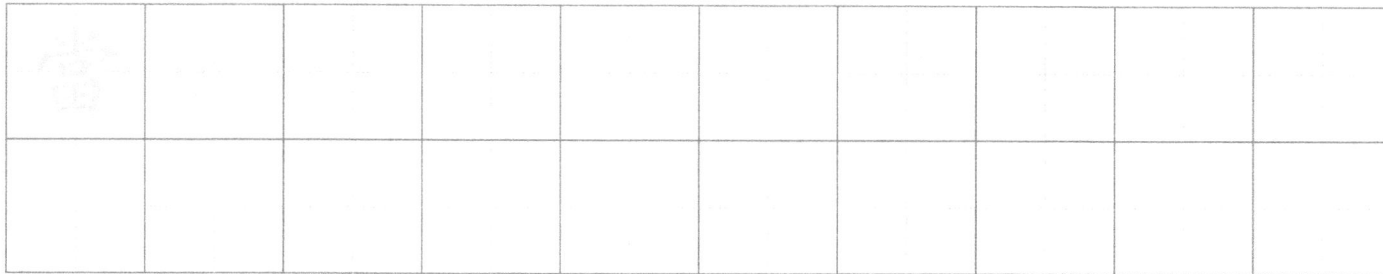

LERNEN

ÜBEN

VEREINFACHT	TRADITIONELL	KLINGT WIE	BEDEUTUNG
起	起	qǐ	**Start**

GRAMMATIK / VERWENDUNG / BEDEUTUNGEN

erhöhen, aufstehen, anfangen, beginnen, Fall, entfernen, wachsen, entwerfen, bauen

VEREINFACHT

TRADITIONELL

VEREINFACHT   SCHREIBEN   verfolgen und zeichnen Sie diesen Buchstaben in die Zellen unten

LERNEN

TRADITIONELL   SCHREIBEN   verfolgen und zeichnen Sie diesen Buchstaben in die Zellen unten

LERNEN

ÜBEN

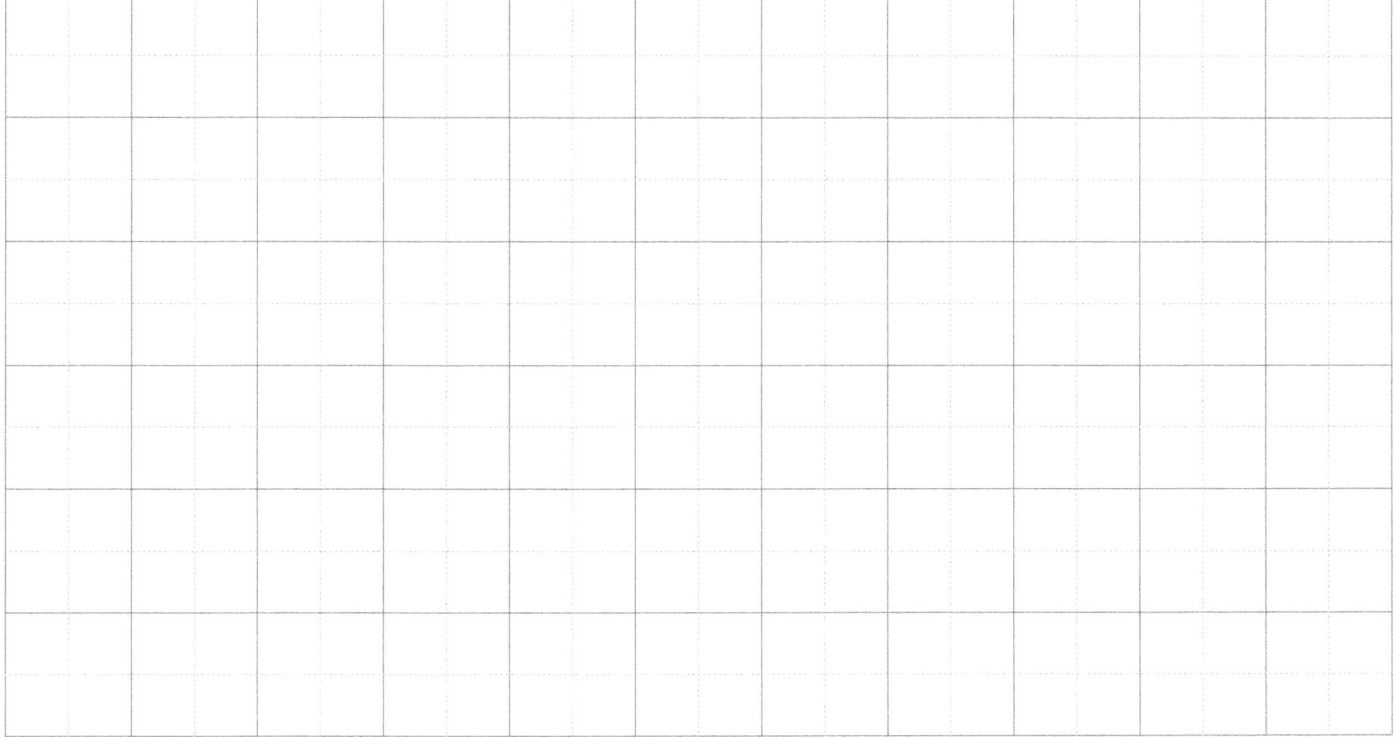

VEREINFACHT	TRADITIONELL	KLINGT WIE	BEDEUTUNG
与	與	yú / yǔ / yù	Mit

GRAMMATIK / VERWENDUNG / BEDEUTUNGEN

geben, und, zusammen mit / teilnehmen, unterstützen, (Fragepartikel)

VEREINFACHT

与

TRADITIONELL

與

VEREINFACHT

与

SCHREIBEN

一 与 与

verfolgen und zeichnen Sie diesen Buchstaben in die Zellen unten

LERNEN

TRADITIONELL   SCHREIBEN   verfolgen und zeichnen Sie diesen Buchstaben in die Zellen unten

與

LERNEN

ÜBEN

VEREINFACHT	TRADITIONELL	KLINGT WIE	BEDEUTUNG
好	好	**hǎo / hào**	**Gut**

GRAMMATIK / VERWENDUNG / BEDEUTUNGEN

gut, gesund, freundlich, bequem, lieben/gern haben, zuverlässig

VEREINFACHT

好

TRADITIONELL

好

VEREINFACHT | SCHREIBEN | verfolgen und zeichnen Sie diesen Buchstaben in die Zellen unten

好 | 〈 | 夕 | 女 | 奵 | 奵 | 好 |

LERNEN

好 好

TRADITIONELL   SCHREIBEN   verfolgen und zeichnen Sie diesen Buchstaben in die Zellen unten

好   く ㄑ ㄑ 女 女 女 好 好

LERNEN

ÜBEN

GRAMMATIK / VERWENDUNG / BEDEUTUNGEN

sich um kümmern, aufpassen, abhängen, bewachen / es hängt davon ab, beobachten, aufpassen, denken, lesen, sehen/besuchen, anschauen, urteilen, betrachten, behandeln

VEREINFACHT

看

TRADITIONELL

看

VEREINFACHT	SCHREIBEN	verfolgen und zeichnen Sie diesen Buchstaben in die Zellen unten				
看	一	二	三	手	看	看	看
	看	看					

LERNEN

TRADITIONELL　　　SCHREIBEN　　　verfolgen und zeichnen Sie diesen Buchstaben in die Zellen unten

看

一　二　三　手　禾　看　看

看　看

LERNEN

ÜBEN

VEREINFACHT	TRADITIONELL	KLINGT WIE	BEDEUTUNG
学	學	**xué**	Lernen

GRAMMATIK / VERWENDUNG / BEDEUTUNGEN

lernen, studieren, nachahmen, Lernen, Wissen, Gegenstand des Studiums, Schule, Hochschule

VEREINFACHT

学

TRADITIONELL

學

VEREINFACHT — SCHREIBEN — verfolgen und zeichnen Sie diesen Buchstaben in die Zellen unten

学	丶	丷	丷	丷	学	学	学
	学						

LERNEN

学							

TRADITIONELL   SCHREIBEN   verfolgen und zeichnen Sie diesen Buchstaben in die Zellen unten

LERNEN

ÜBEN

VEREINFACHT	TRADITIONELL	KLINGT WIE	BEDEUTUNG
进	進	**jìn**	Eintreten

GRAMMATIK / VERWENDUNG / BEDEUTUNGEN

vorankommen, ein Tor erzielen, eintreten, einreichen, hereinkommen, empfangen, essen, trinken

VEREINFACHT

TRADITIONELL

VEREINFACHT　　　SCHREIBEN　　　verfolgen und zeichnen Sie diesen Buchstaben in die Zellen unten

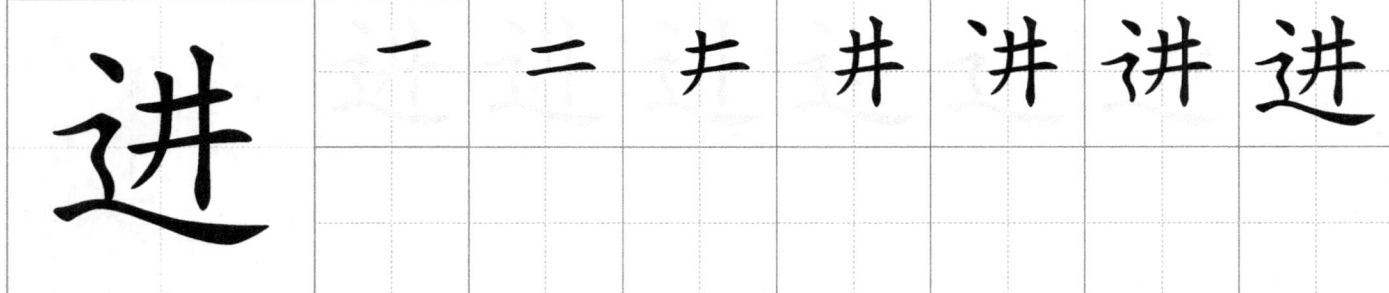

LERNEN

TRADITIONELL   SCHREIBEN   verfolgen und zeichnen Sie diesen Buchstaben in die Zellen unten

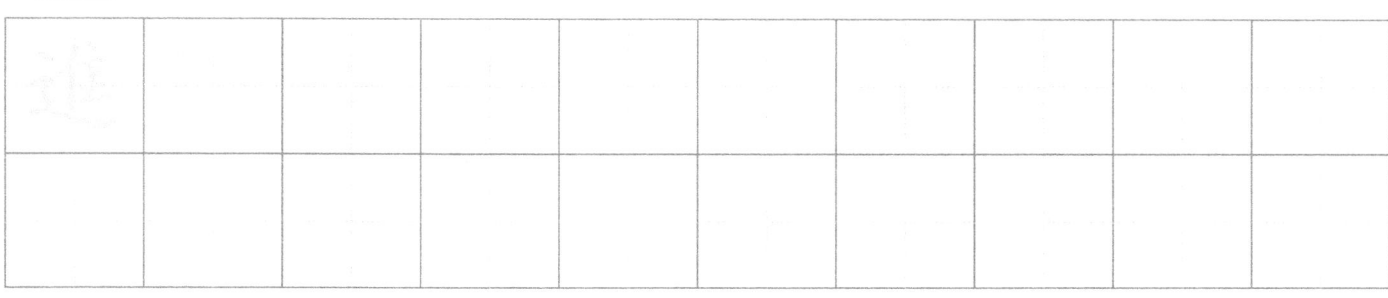

LERNEN

ÜBEN

VEREINFACHT	TRADITIONELL	KLINGT WIE	BEDEUTUNG
种	種	**zhǒng / zhòng**	Art

GRAMMATIK / VERWENDUNG / BEDEUTUNGEN

Art, Typ, Spezies, Rasse (von Menschen), pflanzen, Samen, Körnchen, Typ/ anbauen

VEREINFACHT

TRADITIONELL

VEREINFACHT SCHREIBEN verfolgen und zeichnen Sie diesen Buchstaben in die Zellen unten

LERNEN

TRADITIONELL   SCHREIBEN   verfolgen und zeichnen Sie diesen Buchstaben in die Zellen unten

種

LERNEN

ÜBEN

VEREINFACHT	TRADITIONELL	KLINGT WIE	BEDEUTUNG
将	將	jiāng / jiàng	Wille

GRAMMATIK / VERWENDUNG / BEDEUTUNGEN

bereit, bekommen, vorbereitet, verwenden/ein General, (Wille, soll, Zukunftsform)

VEREINFACHT

将

TRADITIONELL

將

VEREINFACHT | SCHREIBEN | verfolgen und zeichnen Sie diesen Buchstaben in die Zellen unten

将

TRADITIONELL   SCHREIBEN   verfolgen und zeichnen Sie diesen Buchstaben in die Zellen unten

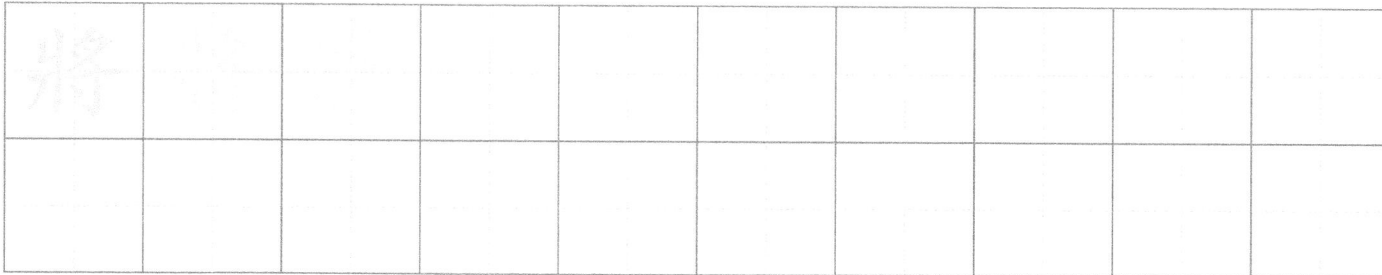

LERNEN

ÜBEN

VEREINFACHT	TRADITIONELL	KLINGT WIE	BEDEUTUNG
还	還	**hái / huán**	Auch

GRAMMATIK / VERWENDUNG / BEDEUTUNGEN

auch, zusätzlich, zurückzahlen, zurückgeben,
immer noch, ziemlich, mehr, sonst, immer noch,
(noch) nicht/(Nachname)

VEREINFACHT

TRADITIONELL

VEREINFACHT   SCHREIBEN   verfolgen und zeichnen Sie diesen Buchstaben in die Zellen unten

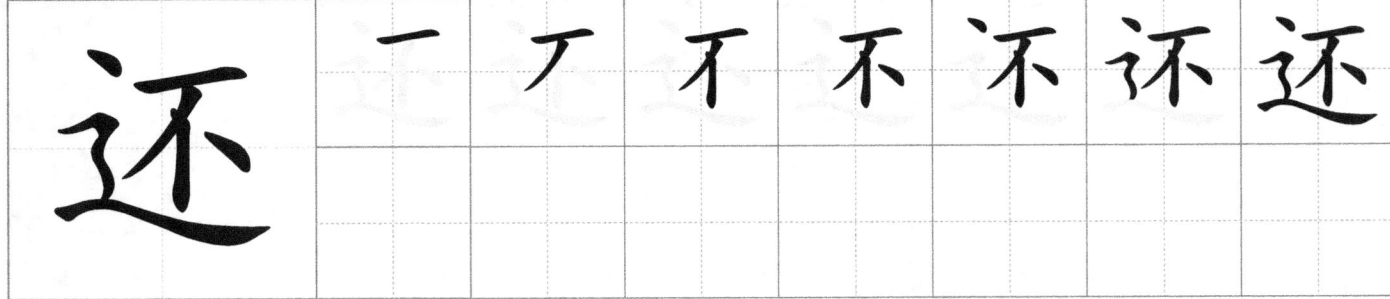

LERNEN

TRADITIONELL	SCHREIBEN	verfolgen und zeichnen Sie diesen Buchstaben in die Zellen unten

還

丶　冂　冚　罒　四　皿　䍃　䍃

䍃　罗　睘　睘　睘　睘　還　還

LERNEN

ÜBEN

VEREINFACHT	TRADITIONELL	KLINGT WIE	BEDEUTUNG
分	分	**fēn / fèn**	Punkte

GRAMMATIK / VERWENDUNG / BEDEUTUNGEN

teilen, verteilen, unterscheiden, Minute, Zweig (einer Organisation), Punkt/Markierung, Bruch, (ein Maßwort), ein Zehntel, eine Brucheinheit von Geld in China, (eine Längeneinheit = 0,33 Zentimeter) / Teil, Komponente, was innerhalb seiner Pflichten oder Rechte ist

VEREINFACHT

TRADITIONELL

VEREINFACHT   SCHREIBEN   verfolgen und zeichnen Sie diesen Buchstaben in die Zellen unten

LERNEN

TRADITIONELL   SCHREIBEN   verfolgen und zeichnen Sie diesen Buchstaben in die Zellen unten

分   ノ   八   分   分

LERNEN

ÜBEN

VEREINFACHT	TRADITIONELL	KLINGT WIE	BEDEUTUNG
此	此	cǐ	**Dies**

GRAMMATIK / VERWENDUNG / BEDEUTUNGEN

dies, jetzt, hier

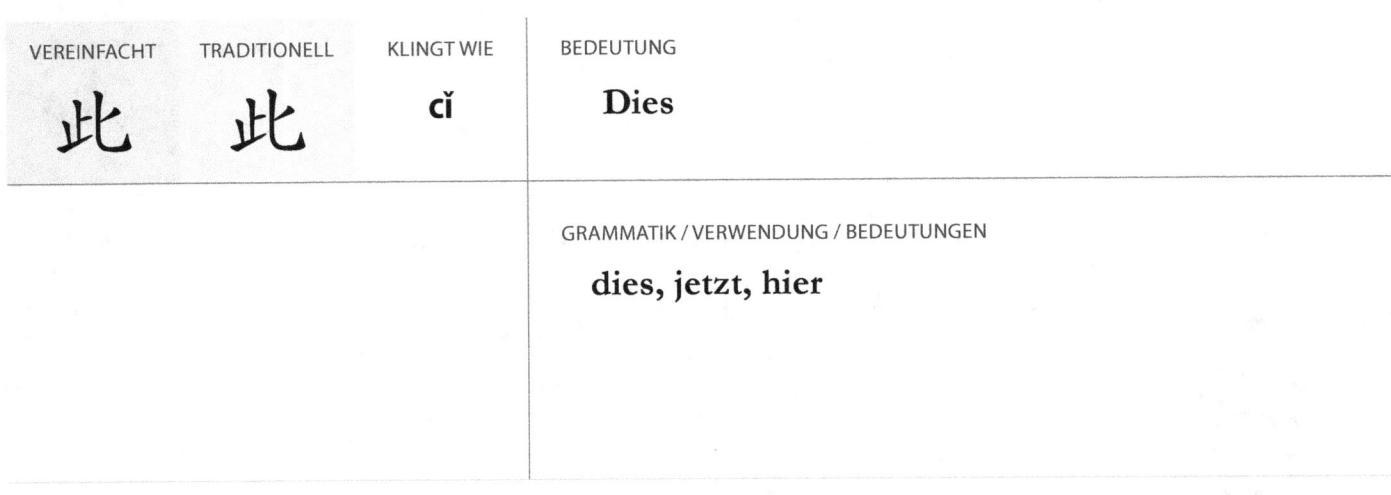

VEREINFACHT

TRADITIONELL

VEREINFACHT SCHREIBEN verfolgen und zeichnen Sie diesen Buchstaben in die Zellen unten

LERNEN

TRADITIONELL   SCHREIBEN   verfolgen und zeichnen Sie diesen Buchstaben in die Zellen unten

此   丨   ト   止   止   止`   此

LERNEN

ÜBEN

VEREINFACHT	TRADITIONELL	KLINGT WIE	BEDEUTUNG
 心	心	**xīn**	**Herz**

GRAMMATIK / VERWENDUNG / BEDEUTUNGEN

das Herz, Herz, Geist, Zentrum

VEREINFACHT

TRADITIONELL

VEREINFACHT   SCHREIBEN   verfolgen und zeichnen Sie diesen Buchstaben in die Zellen unten

LERNEN

TRADITIONELL   SCHREIBEN   verfolgen und zeichnen Sie diesen Buchstaben in die Zellen unten

心   丶   心   心   心

LERNEN

ÜBEN

VEREINFACHT	TRADITIONELL	KLINGT WIE	BEDEUTUNG
前	前	**qián**	**Vorne**

GRAMMATIK / VERWENDUNG / BEDEUTUNGEN

vor, vorwärts gehen, vorne, oben, ehemalig, ago, früher, vorher, vorne, zuerst

VEREINFACHT

前

TRADITIONELL

前

VEREINFACHT · SCHREIBEN · verfolgen und zeichnen Sie diesen Buchstaben in die Zellen unten

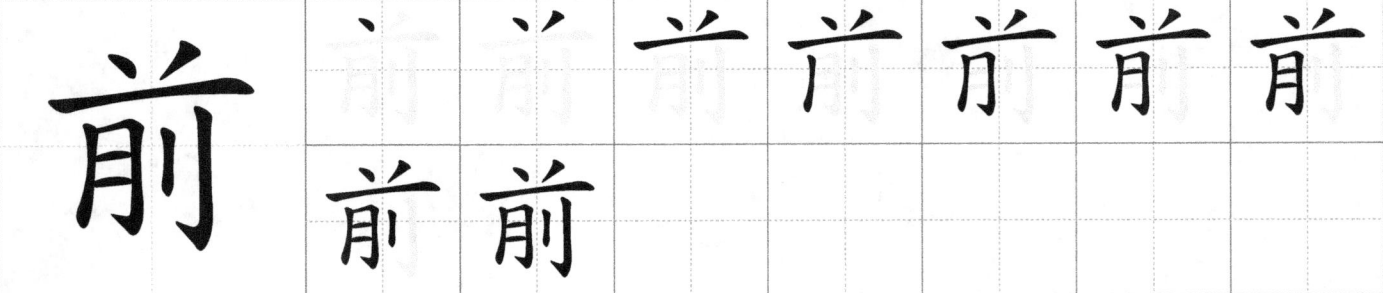

LERNEN

TRADITIONELL   SCHREIBEN   verfolgen und zeichnen Sie diesen Buchstaben in die Zellen unten

前

丶　丷　丷　广　广　肖　肖

前　前

LERNEN

ÜBEN

VEREINFACHT	TRADITIONELL	KLINGT WIE	BEDEUTUNG
麵	面	**miàn**	**Nudeln**

GRAMMATIK / VERWENDUNG / BEDEUTUNGEN

Gesicht, Ausmaß, Seite, Oberfläche, Pulver, Aspekt, Gesicht, oben, Deckel, Mehl, Nudeln, Mehl

VEREINFACHT

TRADITIONELL

VEREINFACHT   SCHREIBEN   verfolgen und zeichnen Sie diesen Buchstaben in die Zellen unten

LERNEN

TRADITIONELL   SCHREIBEN   verfolgen und zeichnen Sie diesen Buchstaben in die Zellen unten

面   一 ァ 厂 丙 而 而 而
      而 面

LERNEN

ÜBEN

VEREINFACHT	TRADITIONELL	KLINGT WIE	BEDEUTUNG
又	又	yòu	Auch

GRAMMATIK / VERWENDUNG / BEDEUTUNGEN

(einmal) wieder , erneut , auch , both… und…

VEREINFACHT

又

TRADITIONELL

又

VEREINFACHT   SCHREIBEN   verfolgen und zeichnen Sie diesen Buchstaben in die Zellen unten

又   フ 又

LERNEN

TRADITIONELL   SCHREIBEN   verfolgen und zeichnen Sie diesen Buchstaben in die Zellen unten

又 | フ | 又

LERNEN

ÜBEN

VEREINFACHT	TRADITIONELL	KLINGT WIE	BEDEUTUNG
定	定	**dìng**	Satz

GRAMMATIK / VERWENDUNG / BEDEUTUNGEN

sicherlich, festlegen, reparieren, sicherlich, bestimmen, fest, entscheiden, anordnen, beruhigen, ruhig

VEREINFACHT

TRADITIONELL

VEREINFACHT SCHREIBEN verfolgen und zeichnen Sie diesen Buchstaben in die Zellen unten

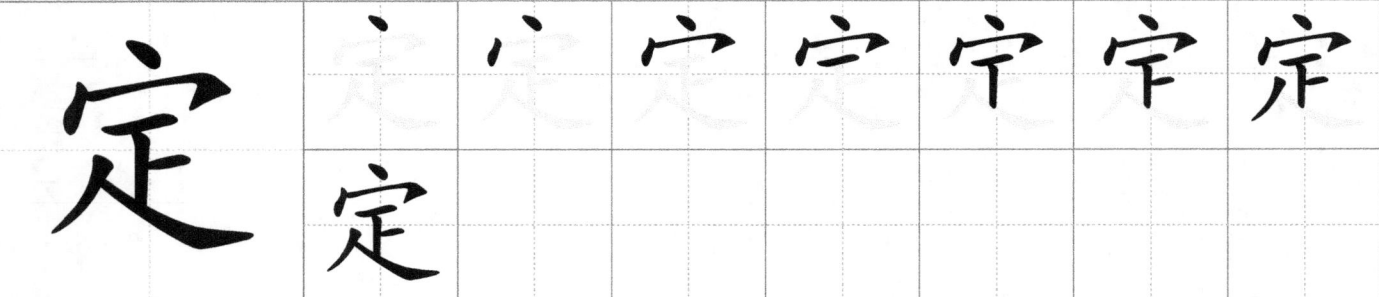

LERNEN

TRADITIONELL   SCHREIBEN   verfolgen und zeichnen Sie diesen Buchstaben in die Zellen unten

定 | 丶 | 八 | 宀 | 宁 | 宁 | 宁 | 定
定

LERNEN

ÜBEN

VEREINFACHT	TRADITIONELL	KLINGT WIE	BEDEUTUNG
见	見	**jiàn / xiàn**	Sehen

GRAMMATIK / VERWENDUNG / BEDEUTUNGEN

sehen, treffen, erscheinen (als etwas), interviewen/ erscheinen, Ansicht, Meinung

VEREINFACHT

见

TRADITIONELL

見

VEREINFACHT

见

SCHREIBEN

verfolgen und zeichnen Sie diesen Buchstaben in die Zellen unten

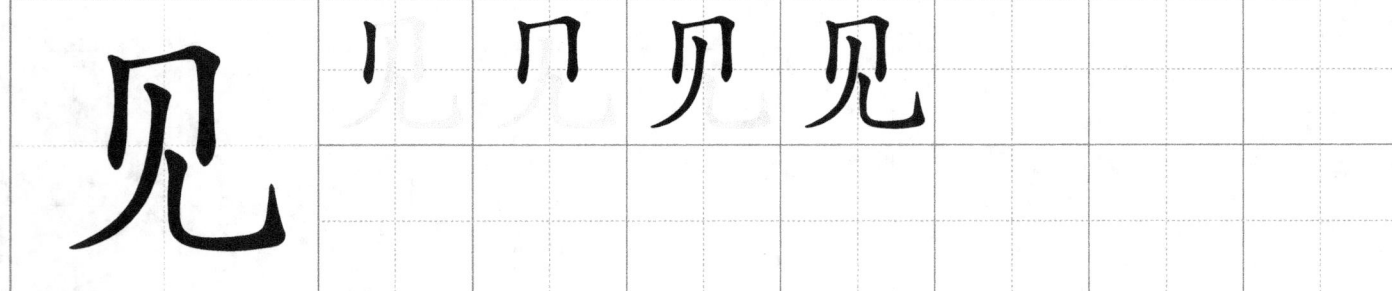

LERNEN

TRADITIONELL   SCHREIBEN   verfolgen und zeichnen Sie diesen Buchstaben in die Zellen unten

見 | 丨 | 冂 | 刖 | 月 | 目 | 貝 | 見

LERNEN

ÜBEN

VEREINFACHT	TRADITIONELL	KLINGT WIE	BEDEUTUNG
只	隻	zhī／zhǐ	Nur

GRAMMATIK / VERWENDUNG / BEDEUTUNGEN

einsam, Zählwort für ein Paar, nur, gerade, aber, einzel

VEREINFACHT

只

TRADITIONELL

隻

VEREINFACHT SCHREIBEN verfolgen und zeichnen Sie diesen Buchstaben in die Zellen unten

LERNEN

TRADITIONELL   SCHREIBEN   verfolgen und zeichnen Sie diesen Buchstaben in die Zellen unten

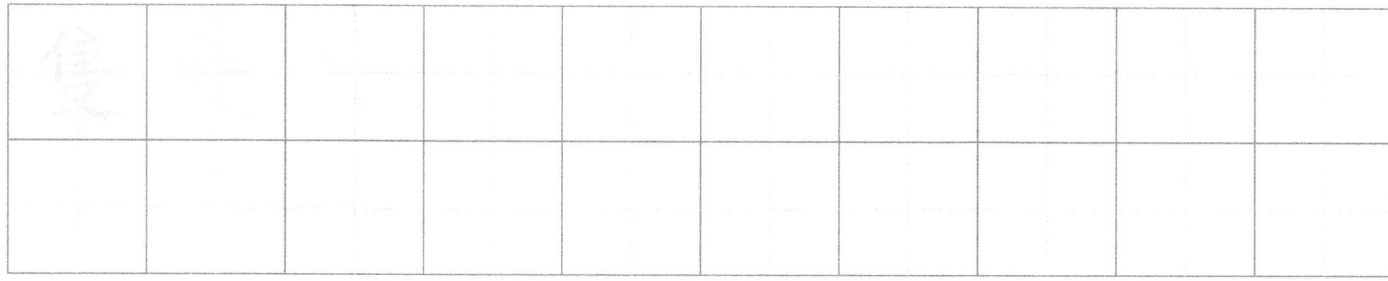

LERNEN

ÜBEN

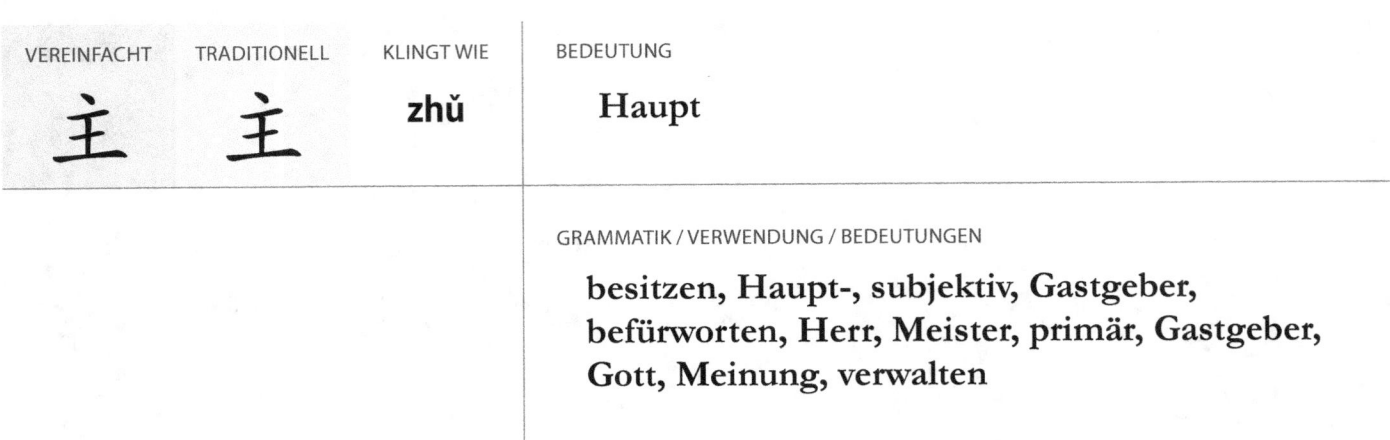

VEREINFACHT	TRADITIONELL	KLINGT WIE	BEDEUTUNG
主	主	**zhǔ**	**Haupt**

GRAMMATIK / VERWENDUNG / BEDEUTUNGEN

besitzen, Haupt-, subjektiv, Gastgeber, befürworten, Herr, Meister, primär, Gastgeber, Gott, Meinung, verwalten

VEREINFACHT

TRADITIONELL

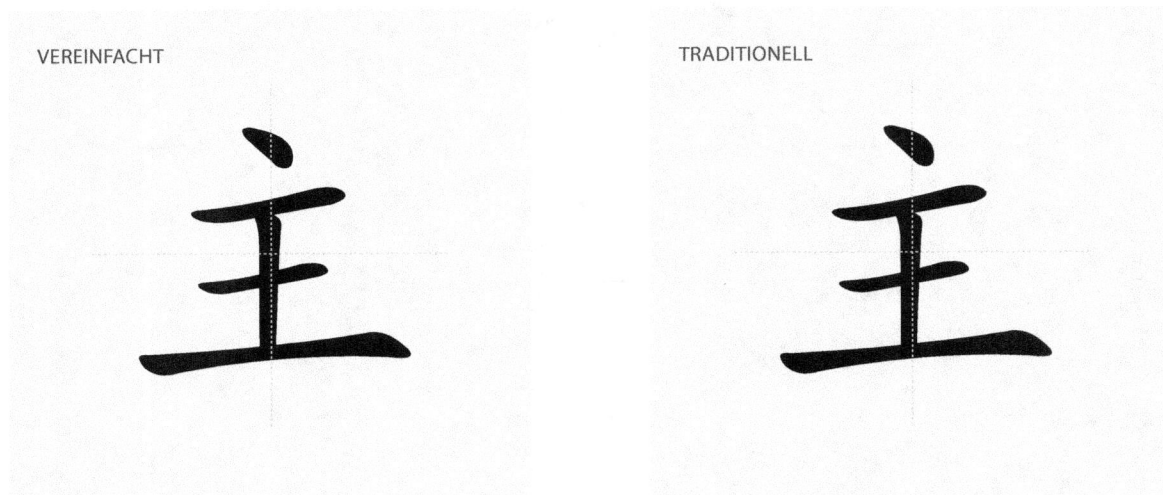

VEREINFACHT   SCHREIBEN   verfolgen und zeichnen Sie diesen Buchstaben in die Zellen unten

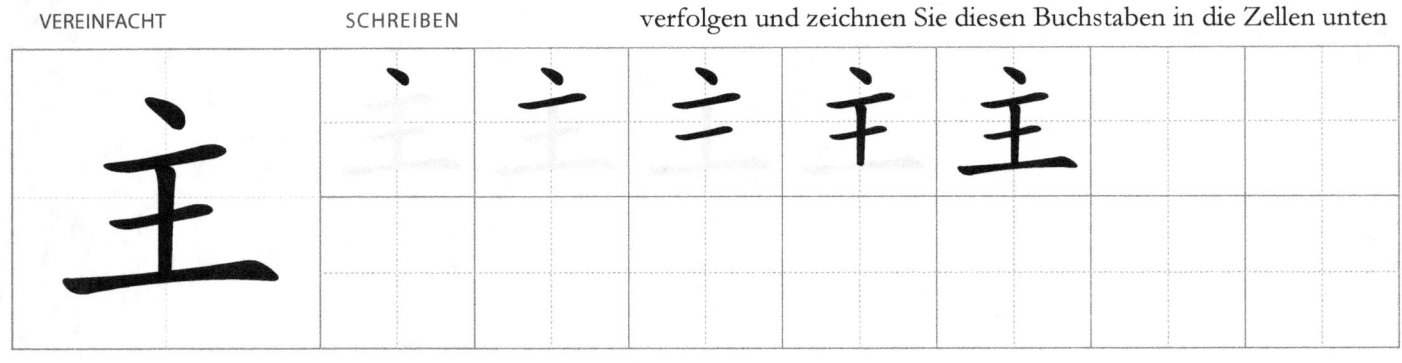

LERNEN

TRADITIONELL   SCHREIBEN   verfolgen und zeichnen Sie diesen Buchstaben in die Zellen unten

主   ` ⁻ ⁼ 幸 主

LERNEN

ÜBEN

VEREINFACHT	TRADITIONELL	KLINGT WIE	BEDEUTUNG
没	没	méi/mò	Nein

GRAMMATIK / VERWENDUNG / BEDEUTUNGEN

nicht haben, ohne sein, unterlegen, weniger als, nicht / sinken, überlaufen, verschwinden, sterben (negatives Präfix für Verben)

VEREINFACHT

TRADITIONELL

VEREINFACHT   SCHREIBEN   verfolgen und zeichnen Sie diesen Buchstaben in die Zellen unten

LERNEN

TRADITIONELL   SCHREIBEN   verfolgen und zeichnen Sie diesen Buchstaben in die Zellen unten

没

`　丶　氵　汁　汎　沿　没

LERNEN

ÜBEN

GRAMMATIK / VERWENDUNG / BEDEUTUNGEN

fair und gerecht, öffentliche Angelegenheiten, öffentlich, ehrenhaft (Bezeichnung), Autorität, allgemein, international, männlich, veröffentlichen

VEREINFACHT

TRADITIONELL

VEREINFACHT   SCHREIBEN   verfolgen und zeichnen Sie diesen Buchstaben in die Zellen unten

LERNEN

TRADITIONELL   SCHREIBEN   verfolgen und zeichnen Sie diesen Buchstaben in die Zellen unten

公   丿   八   公   公

LERNEN

ÜBEN

VEREINFACHT	TRADITIONELL	KLINGT WIE	BEDEUTUNG
从	從	**cóng**	Von

GRAMMATIK / VERWENDUNG / BEDEUTUNGEN

von, Anhänger, seit, beitreten, gehorchen, folgen, beobachten

VEREINFACHT

从

TRADITIONELL

從

VEREINFACHT SCHREIBEN verfolgen und zeichnen Sie diesen Buchstaben in die Zellen unten

LERNEN

TRADITIONELL   SCHREIBEN   verfolgen und zeichnen Sie diesen Buchstaben in die Zellen unten

從

LERNEN

ÜBEN

Teil 3

PINYIN
TIAN ZI GE

Teil 4

KARTEIKARTEN
KOPIEREN ODER
AUSSCHNEIDEN & BEWAHREN

S	T		S	T		S	T
的 的	的 的		不 不	不 不		我 我	我 我

S	T		S	T		S	T
一	一		了 了	了 了		在 在	在 在

S	T		S	T		S	T
是 是	是 是		人 人	人 人		有 有	有 有

KLINGT WIE
shì
BEDEUTUNG
Ja

KLINGT WIE
rén
BEDEUTUNG
Menschen

KLINGT WIE
yǒu
BEDEUTUNG
Es gibt

KLINGT WIE
yī
BEDEUTUNG
Eins

KLINGT WIE
le/liǎo
BEDEUTUNG
Hoch

KLINGT WIE
zài
BEDEUTUNG
In

KLINGT WIE
von
BEDEUTUNG
Von

KLINGT WIE
bù
BEDEUTUNG
Nein

KLINGT WIE
wǒ
BEDEUTUNG
I

S	T	S	T
为	為	来	來
中	中		
这	這	大	大
个	個		
他	他	之	之
以	以		

KLINGT WIE	KLINGT WIE	KLINGT WIE
wéi / wèi	**zhè**	**tā**
BEDEUTUNG	BEDEUTUNG	BEDEUTUNG
Für	Dies	Er
KLINGT WIE	KLINGT WIE	KLINGT WIE
lái	**dà**	**zhǐ**
BEDEUTUNG	BEDEUTUNG	BEDEUTUNG
Kommen	Groß	Von
KLINGT WIE	KLINGT WIE	KLINGT WIE
zhǒng	**gè**	**yǐ**
BEDEUTUNG	BEDEUTUNG	BEDEUTUNG
Mitte	Einzelperson	Mit

T 子 / S 子	T 和 / S 和	T 到 / S 到
T 也 / S 也	T 國 / S 国	T 們 / S 们
T 地 / S 地	T 說 / S 说	T 上 / S 上

KLINGT WIE **dào** BEDEUTUNG Zu	KLINGT WIE **men** BEDEUTUNG Wir	KLINGT WIE **shàng** BEDEUTUNG Auf
KLINGT WIE **hé / huò** BEDEUTUNG Und	KLINGT WIE **guó** BEDEUTUNG Land	KLINGT WIE **shuō** BEDEUTUNG Sagt
KLINGT WIE **zǐ** BEDEUTUNG Sohn	KLINGT WIE **yě** BEDEUTUNG Auch	KLINGT WIE **de / dì** BEDEUTUNG Boden

KLINGT WIE

chū

BEDEUTUNG

Aus

KLINGT WIE

dào

BEDEUTUNG

Straße

KLINGT WIE

shí

BEDEUTUNG

Zeit

KLINGT WIE

yǔ

BEDEUTUNG

Bei

KLINGT WIE

yào / yāo

BEDEUTUNG

Wollen

KLINGT WIE

ér

BEDEUTUNG

Und

KLINGT WIE

dé / de / děi

BEDEUTUNG

müssen

KLINGT WIE

unten

BEDEUTUNG

nach unten

KLINGT WIE

jiù

BEDEUTUNG

Gerade

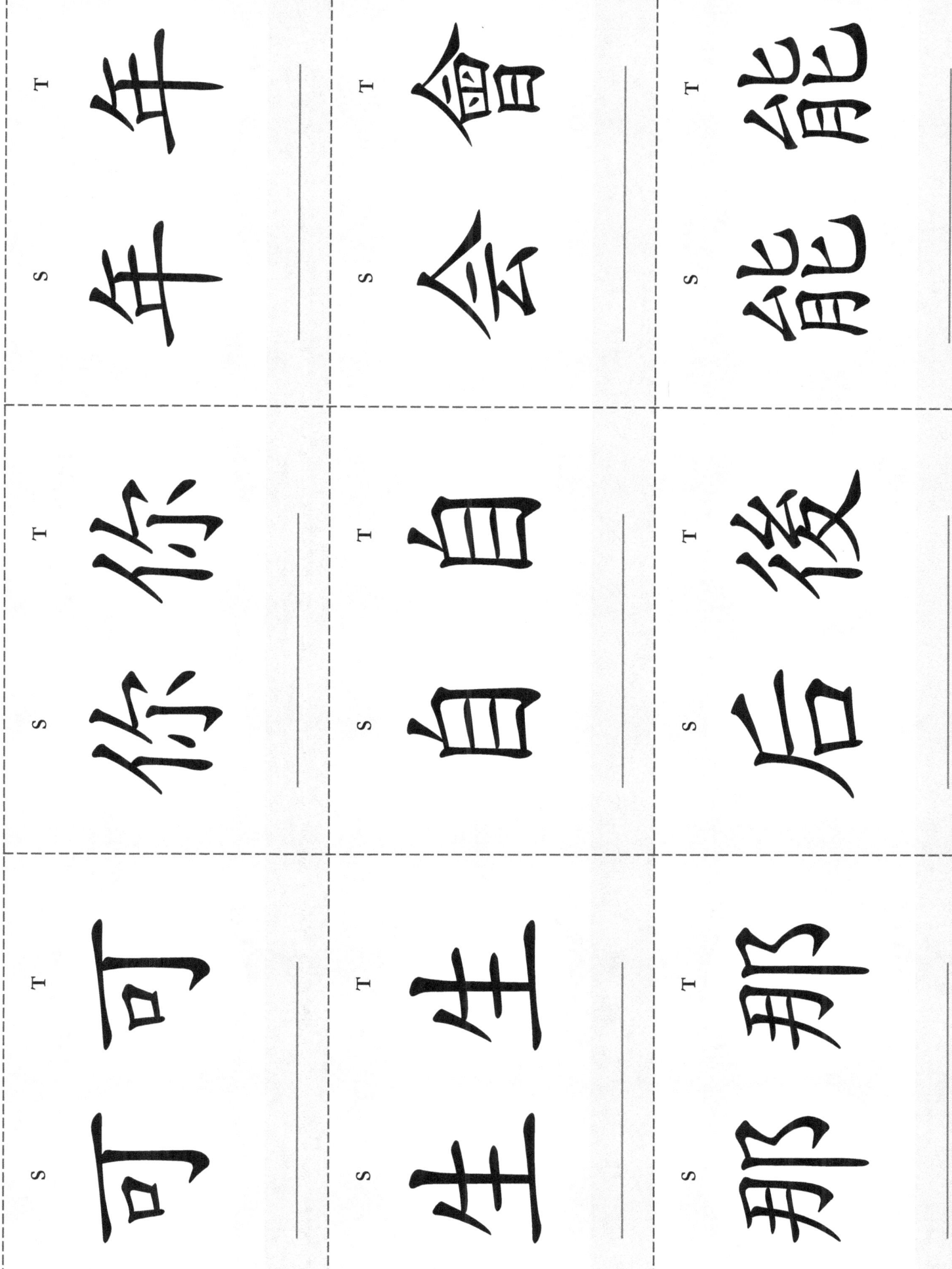

T	S		T	S		T	S
年	年		會	会		能	能
你	你		自	自		後	后
可	可		生	生		那	那

KLINGT WIE **niǎn**

BEDEUTUNG Jahr

KLINGT WIE **nǐ**

BEDEUTUNG Du

KLINGT WIE **kě**

BEDEUTUNG Kann

KLINGT WIE **huì**

BEDEUTUNG Treffen

KLINGT WIE **zì**

BEDEUTUNG Seit

KLINGT WIE **shěng**

BEDEUTUNG Geboren

KLINGT WIE **néng**

BEDEUTUNG Kann

KLINGT WIE **hòu**

BEDEUTUNG Nach

KLINGT WIE **nà**

BEDEUTUNG Das

S	T
事	事
所	所
过	過
看	看
里	裏 OR 裡
行	行
对	對
其	其
去	去

KLINGT WIE

shì

BEDEUTUNG

Ding

KLINGT WIE

suǒ

BEDEUTUNG

Ort

KLINGT WIE

guò

BEDEUTUNG

Über

KLINGT WIE

zhe/zhuó/zhāo/zháo

BEDEUTUNG

Schreiben

KLINGT WIE

lǐ

BEDEUTUNG

Innen

KLINGT WIE

háng / xíng

BEDEUTUNG

Linie

KLINGT WIE

duì

BEDEUTUNG

Recht

KLINGT WIE

qí

BEDEUTUNG

Sein

KLINGT WIE

qù

BEDEUTUNG

Gehen

T 用 / S 用	T 如 / S 如	T 方 / S 方
T 十 / S 十	T 天 / S 天	T 作 / S 作
T 家 / S 家	T 發 OR 髮 / S 发	T 然 / S 然

KLINGT WIE

yòng

BEDEUTUNG

Benutzen

KLINGT WIE

rú

BEDEUTUNG

Als

KLINGT WIE

fāng

BEDEUTUNG

Quadrat

KLINGT WIE

shí

BEDEUTUNG

Zehn

KLINGT WIE

tiān

BEDEUTUNG

Himmel

KLINGT WIE

zuò

BEDEUTUNG

Tun

KLINGT WIE

jiā

BEDEUTUNG

Zuhause

KLINGT WIE

fā / fà

BEDEUTUNG

Vereinfacht = Haar,
Traditionell 發 = T senden R
髮 T j

KLINGT WIE

rán

BEDEUTUNG

Doch

T	S		T	S		T	S
多	多		者	者		成	成
三	三		都	都		日	日
二	二		軍	軍		小	小

KLINGT WIE

duō

BEDEUTUNG

Mehr

KLINGT WIE

sān

BEDEUTUNG

Drei

KLINGT WIE

èr

BEDEUTUNG

Zwei

KLINGT WIE

zhě

BEDEUTUNG

Der

KLINGT WIE

dōu

BEDEUTUNG

Beide

KLINGT WIE

jūn

BEDEUTUNG

Militär

KLINGT WIE

chéng

BEDEUTUNG

Werden

KLINGT WIE

rì

BEDEUTUNG

Tag

KLINGT WIE

xiǎo

BEDEUTUNG

klein

S	T
么	麼
当	當
好	好
同	同
法	法
与	與
无	無
经	經
起	起

KLINGT WIE **ich** BEDEUTUNG Wasa	KLINGT WIE **tóng** BEDEUTUNG Gleich	KLINGT WIE **wú** BEDEUTUNG Keine
KLINGT WIE **dǎng / dǎng** BEDEUTUNG Wenn	KLINGT WIE **fǎ** BEDEUTUNG Gesetz	KLINGT WIE **jīng** BEDEUTUNG Durch
KLINGT WIE **hǎo / hào** BEDEUTUNG Gut	KLINGT WIE **yǔ / yǔ / yù** BEDEUTUNG Mit	KLINGT WIE **qǐ** BEDEUTUNG Start

S	T	S	T	S	T
进	進	还	還	心	心
学	學	将	將	此	此
看	看	种	種	分	分

KLINGT WIE

jìn

BEDEUTUNG

Eintreten

KLINGT WIE

xué

BEDEUTUNG

Lernen

KLINGT WIE

kàn / kàn

BEDEUTUNG

Beobachten

KLINGT WIE

hái / huán

BEDEUTUNG

Auch

KLINGT WIE

jiǎng / jiàng

BEDEUTUNG

Wille

KLINGT WIE

zhǒng / zhòng

BEDEUTUNG

Art

KLINGT WIE

xīn

BEDEUTUNG

Herz

KLINGT WIE

cǐ

BEDEUTUNG

Dies

KLINGT WIE

fēn / fèn

BEDEUTUNG

Punkte

S	T	S	T	S	T
又	又	隻	隻	公	公
麵	麵	見	見	沒	沒
前	前	定	定	主	主

KLINGT WIE	KLINGT WIE	KLINGT WIE
yòu	**miàn**	**qiǎn**
BEDEUTUNG	BEDEUTUNG	BEDEUTUNG
Auch	Nudeln	Vorne
KLINGT WIE	KLINGT WIE	KLINGT WIE
zhǐ / zhǐ	**jiàn / xiàn**	**dǐng**
BEDEUTUNG	BEDEUTUNG	BEDEUTUNG
Nur	Sehen	Set
KLINGT WIE	KLINGT WIE	KLINGT WIE
gōng	**méi / mò**	**zhǔ**
BEDEUTUNG	BEDEUTUNG	BEDEUTUNG
Öffentlich	Nein	Haupt

S   T

从

S   T

S   T

S   T

S   T

S   T

S   T

S   T

S   T

KLINGT WIE

BEDEUTUNG

KLINGT WIE

BEDEUTUNG

KLINGT WIE

BEDEUTUNG

KLINGT WIE

BEDEUTUNG

KLINGT WIE

BEDEUTUNG

KLINGT WIE

BEDEUTUNG

KLINGT WIE

cổng

BEDEUTUNG

Von

KLINGT WIE

BEDEUTUNG

KLINGT WIE

BEDEUTUNG

KLINGT WIE

BEDEUTUNG

KLINGT WIE

BEDEUTUNG

謝謝

Xièxiè

Danke!

Vielen Dank, dass Sie unser Buch gewählt haben!

Sie sind nun auf dem besten Weg, Chinesisch lesen, schreiben und sprechen zu lernen, und wir hoffen, dass Ihnen unser Arbeitsbuch über Vereinfachtes und Traditionelles gefallen hat.

Wenn Sie das Lernen mit uns genossen haben, würden wir uns sehr freuen, von Ihrem Fortschritt in einer Bewertung zu hören!

Wir sind immer daran interessiert zu erfahren, ob es etwas gibt, das wir tun können, um unsere Bücher für zukünftige Schüler zu verbessern. Wir sind bestrebt, die besten Inhalte zum Sprachenlernen anzubieten. Bitte kontaktieren Sie uns per E-Mail, wenn Sie ein Problem mit einem der Inhalte in diesem Buch hatten:

hello@polyscholar.com

POLYSCHOLAR

www.polyscholar.com